Ethik des inklusiven Mathematikunterrichts

nach L.S. Vygotskij

für Eltern, Pädagoginnen und Psychologinnen

Christel Manske

Ethik des inklusiven Mathematikunterrichts

nach L.S. Vygotskij

für Eltern, Pädagoginnen und Psychologinnen

Ludmilla F. Obuchova gewidmet

Impressum

Bibliografische Information der Deutschen Nationalbibliothek
Die Deutsche Nationalbibliothek verzeichnet diese Publikation in der Deutschen Nationalbibliografie; detaillierte bibliografische Angaben sind im Internet unter `http://www.dnb.de` abrufbar.

Für Kinder mit Lernproblemen ist es unbedingt notwendig, dass sie im Spiel mit Gegenständen das Denken erlernen. Diese Gegenstände müssen abgebildet werden, damit die Kinder ihre Spielhandlungen erinnern können. Die Herausbildung des Gedächtnisses ist die Voraussetzung für innere geistige Handlungen, die die Grundlage für das sinnvolle Lesen und Schreiben ist. Ohne die Abbildung des Spielzeugs wäre der Lernerfolg der Kinder nicht möglich.

Wir bedanken uns im Namen der Kinder bei den Herstellern des Spielzeugs.

Helmholtzstr. 2-9
10587 Berlin
Umschlag: Christel Manske

Fotos: Christel Manske
Satz & Layout: Lyn Petersen, Christel-Manske-Institut, Hamburg
Druck und Bindung: Elanders, Waiblingen
ISBN 978-3-96543-076-1 www.lehmanns.de

Inhaltsverzeichnis

Die Fotos der Kinder sagen mehr als Worte.
Jesus hat gesagt, wenn ihr nicht werdet wie die Kinder,
werdet ihr das Himmelreich nicht erlangen.
Diese Kinder sind der Himmel.

Professor Dr. med. Stephan Palos

Vorworte

Vorwort von Professor A.N. Kritschewetz

Christel Manske wendet sich mit ihrem Buch an Pädagogen und Pädagoginnen, die mit Kindern arbeiten, die im Mathematikunterricht versagen u.a. auch mit Kindern mit Down-Syndrom und Dyskalkulie.
Es ist nicht problematisch, wenn manche Kinder das Fach Mathematik nicht mögen.
Das Problem besteht m. E. nach darin, dass viele Kinder nicht die Gelegenheit bekommen den Mathematikunterricht auf eine Weise zu erfahren, dass sie Freude daran haben.
Es gibt immer mehr Kinder, die in der Schule im Mathematikunterricht scheitern.
Diesen Kindern will die Autorin mit diesem Buch gerecht werden.
Im Vergleich zu früher gibt es in der modernen Welt für die Kinder weniger Objekte und kausale Beziehungen.
Die Kinder erleben die Welt heute zunehmend auf dem Bildschirm.
Folglich wird der zeitliche Abstand zwischen den Zielen der Kinder und der Erfüllung ihrer Ziele durch den Einsatz von Tablets und Taschenrechnern verkürzt.
Im Prinzip täuschen die Medien vor, die Arbeit zu leisten, die die Kinder früherer Generationen leisten mussten, um die Grundlagen für das systematische Erlernen der mathematischen Operationen zu legen.

Das ständige Fehlen objektbezogener, proto-mathematischer Tätigkeiten führt dazu, dass die Mathematik von den Kindern nur noch auf der formalen Zahlebene erlebt wird.

Es gibt Kinder für die diese formale Zahlebene kaum erreichbar ist.

Es gibt aber auch Kinder, die durchaus in der Lage sind Zahlen ohne Objekte zu begreifen.

Die formalen Lernprozesse basieren auf hoch technologisierten Systemen.

Diese sind im Alltag überall integriert.

Doch die formalen Lernprozesse sind vielen Pädagogen zur Zeit nicht bekannt.

Die Frage, ob wir diese gewaltigen kulturellen Veränderungen annehmen und folglich die mathematische Bildung in Schulen und Universitäten modifizieren, bleibt offen.

Ich denke, dass viele Kinder nicht die Möglichkeit bekommen der Mathematik so zu begegnen, dass sie sich in diese Wissenschaft verlieben können.

Dies kann dazu führen, dass wir in Zukunft nicht genügend Mathematikexperten haben, die das regelrechte Funktionieren der sozialen Systeme in den modernen Gesellschaften gewährleisten können.

Was immer geschieht, das Buch von Christel Manske bietet die Möglichkeit diese Lücke zu füllen.

Es bietet ein adäquates Unterrichtsmodell an, das versucht allen Kindern und Pädagogen einen sinnvollen Zugang zur proto-mathematischen Mathematik zu ermöglichen.

Der ethische Mathematikunterricht führt die Pädagogen und die Kinder durch den „Haupteingang“ in die Welt des verantwortungsbewussten Umgangs mit der Mathematik.
In der heutigen Zeit verblasst das Bewusstsein der Mathematiklehrer für ihre sinnstiftende Aufgabe.
Viele Kinder erkennen daher immer weniger den Sinn,
den der Mathematikunterricht für ihr Leben hat.
Es besteht die Gefahr, dass die Bedeutung der Mathematik für eine humane Gesellschaft von den Technikern der sozialen Systeme zu spät oder nicht erkannt wird.

A.N. Kritschewetz
Dr. Mathematikwissenschaft, Dr. Philosophie, Prof. Dr. Psychologie der Lomonossow Universität Moskau

Vorwort Professor B.S. Bratus

Christel Manske, Leiterin des Christel Manske Instituts für die Entwicklung funktioneller Hirnsysteme in Hamburg, ist Pädagogin und Psychologin.
Sie ist den russischen Lesern durch ihre Bücher „Jenseits von Pisa - Lernen als Entdeckung “, „Inklusiver Lese- und Schreibunterricht ab 3 Jahren“, „Jedes Kind ist besonders“, „Inklusiver Mathematikunterricht“, die ins russische übersetzt wurden, bekannt.
Sie gibt Seminare und Vorlesungen an der Moskauer Staatlichen Universität, die nach M.W. Lomonossow benannt ist und an der Russischen Orthodoxen Universität des heiligen Johannes.

Ihr neues Buch widmet die Autorin dem Fach Mathematik.
Sie übernimmt die Verantwortung für die Kinder, die im Mathematikunterricht Schwierigkeiten haben besonders aber für die Kinder mit Down Syndrom, und Dyskalkulie.
Ihr Ziel ist es, dass diese Kinder die Chance bekommen das mathematische Denken zu lernen.
Das Inklusive Mathematikbuch ist für die Pädagogik eine Herausforderung.
Im Vorwort des Buches lesen wir:

Aus gemeinsam geteiltem Empfinden wird
Mitgefühl.
Aus gemeinsam geteiltem Erleben wird
Selbsterfahrung.

Aus gemeinsam geteiltem Erinnern wird
Gedenken.
Aus gemeinsam geteiltem Verstehen wird
Vernunft.

Mathe macht glücklich.

Es ist die Aufgabe der Pädagogik eine inklusive Mathematikdidaktik zu erforschen.
Die Pädagogen dürfen die Lernprobleme nicht den Kindern anlasten, sondern sie sollten sich gemeinsam mit Wissenschaftlern unterschiedlicher Fachrichtungen auf den Weg machen Unterrichtskonzepte zu erforschen, die den Kindern ermöglichen im Mathematikunterricht Mitgefühl, Selbsterfahrung, Erinnern als Gedenken und Vernunft zu entwickeln.

Wie können wir Christel Manskes pädagogische Arbeit verstehen?

Ihre Arbeit basiert auf der Entwicklungspsychologie von L.S. Vygotskij.

Es ist notwendig die psychologische Entwicklung der unterschiedlichen Kinder im Kontext ihrer Kultur und ihrer Geschichte zu analysieren und zu versuchen sie zu verstehen.
Auf dieser Grundlage geht sie mit dem Kind Hand in Hand auf eine Entdeckungsreise. Im altgriechischen hat das Wort „Lehrer“ die Bedeutung Begleiter des Kindes zu sein.

Diese Entdeckungsreise findet im Lichte der Erkenntnisse von L.S. Vygotskij statt.

Christel Manske lässt sich in erster Linie während ihrer Arbeit nur von dem jeweiligen einzigartigen Kind leiten, das ihr seine geheimen Tendenzen signalisiert.
Das theoretische Wissen dient ihr dazu Erfolg oder Misserfolg ihrer Arbeit zu deuten.

Christel Manske gibt dem Leser eine Einführung in L.S. Vygotskijs Krisentheorie, die die Entwicklung vom Säugling zum Schulkind beschreibt.
Der Verlauf der stufenweisen Entwicklung von einer psychologischen Entwicklungsstufe auf die nächst höhere ist für alle Kinder gültig.
L.S. Vygotskij ist davon überzeugt, dass dieser Entwicklungsverlauf auch für die Kinder mit Down-Syndrom oder Dyskalkulie gilt.
Diese Einstellung ist zutiefst human. Sie macht Mut die unterschiedlichen Kinder, jedes auf seine Weise verstehen zu wollen, um jedem Kind gerecht werden zu können.

Sie schreibt: „Wir ahnen zutiefst, dass es jedem Kind erlaubt sein sollte, ungehindert seine psychische Metamorphose zu durchlaufen, um so zu werden, wie es vom Schöpfer aller Dinge immer schon gedacht wurde. Das ist das tiefe Geheimnis, in das wir als Pädagogen intuitiv eintauchen sollten."

Christel Manske ist Pädagogin und Psychologin.
Der Psychologe untersucht die ständige Umstrukturierung der psychischen Entwicklung.
Der Lehrer führt seine Arbeit mit einem einzigartigen Kind durch.
Für einen Psychologen ist es schwierig allein auch ein guter Lehrer zu sein, genauso wie es für einen guten Lehrer schwierig ist allein auch ein guter Psychologe zu sein.
Ihre Zusammenarbeit ist daher unbedingt erforderlich.
Der gute Psychologe ist auf den guten Lehrer angewiesen, der ihm die Verwirklichung seiner Entdeckungen vor Augen führt. Der gute Lehrer ist auf das Wissen des guten Psychologen angewiesen, der ihn mit seinen entwicklungspsychologischen Erkenntnissen vertraut macht.
Psychologische und pädagogische Kenntnisse sind die Grundlage für jeden Lehrer gute Ergebnisse in der pädagogischen Arbeit mit den unterschiedlichen Kindern zu erlangen.

Wir wissen, dass das psychologische und pädagogische Wissen der Pädagogen und der Psychologen erst dann zum Tragen kommt, wenn ihre Arbeit von der Zuneigung zu den Kindern gesegnet ist.
Das Buch über den „Inklusiven Mathematikunterricht“ ist hierfür ein Beispiel.

B.S. Bratus, Doktor der Psychologie, Professor, korrespondierendes Mitglied der Russian Academy of Education, Mitglied des Ethikkomitees der Russian Psychological Society.

Einleitung

Mathematik war im Laufe der Geschichte immer ein geistiges Werkzeug der Menschen in der jeweiligen Kultur sinnvoll zu handeln und zu überleben.

Daher ist es notwendig, dass die Kinder lernen in die Geschichte der Mathematik einzutauchen, damit sie ihre Bedeutung für die Menschen erkennen.

In diesem Mathematikbuch lernen die Kinder, sich mit der unterschiedlichen Bedeutung der Mathematik in den unterschiedlichen Kulturen vertraut zu machen.

Das Inklusive Mathematikbuch hat sich zum Ziel gesetzt, dass die Jungen und Mädchen lernen zur Vernunft zu kommen. Das bedeutet, dass sie lernen gemeinsam geteilt zu denken.

Der Philosoph Immanuel Kant hat für die Aufklärung drei Maximen aufgestellt, die zugleich drei Richtungen des Denkens beschreiben.

1. Die vorurteilsfreie Denkungsart:

Die Kinder lernen ihre eigenen Erfahrungen, die sie im Unterricht und außerhalb des Unterrichts machen, zu reflektieren.

2. Die erweiterte Denkungsart:

Die Kinder lernen ihre Erfahrungen mit den Mitschülern zu teilen und zu diskutieren, um diese auch zu verstehen.

3. Die konsequente Denkungsart:

Die Kinder lernen im Einklang mit sich selbst zu sein.
Ihr Handeln wird bestimmt von ihrem Mitgefühl, von den Erfahrungen, die sie machen, von dem Gedenken an die Mitmenschen und ihrer Vernunft.

Das mathematische Denken verändert sich im Laufe der Geschichte in Abhängigkeit des Warenverkehrs in der jeweiligen Gesellschaft.

Für die Sammler- und Jägergesellschaft bedeutete Mathematik Werkzeuggebrauch.

Für die Tauschgesellschaft bedeutete Mathematik Symbolgebrauch.

Für die Geldgesellschaft bedeutet Mathematik Zahlgebrauch.

Die Bedeutung der Krisentheorie L.S. Vygotskijs für den inklusiven Mathematikunterricht und die Geschichte der Zahl

Vygotskij unterscheidet das chronologische Alter vom psychologischen Alter.
Das chronologische Alter beschreibt die Lebensjahre. Das psychologische Alter beschreibt die psychologischen Fähigkeiten eines Kindes auf der jeweiligen Entwicklungsstufe vom Säugling bis zum Jugendlichen.
(Lew Wygotski: Ausgewählte Schriften, Bd. 2. Das Problem der Altersstufen S. 53-306. Köln, 1987)

In einer ersten Schulklasse sind die Kinder zwischen sechs und sieben Jahre alt.
In einer Inklusiven Schulklasse, in der Kinder unterschiedlicher Entwicklungsstufen sind, muss der Unterricht so strukturiert sein, dass er allen Kindern unterschiedlicher Entwicklungsstufen vom Säugling zum Schulkind entspricht.
Die Lehrerinnen müssen daher wissen, welche psychischen Voraussetzungen ein Kind auf der Stufe „Säugling“,
auf der Stufe „Kleinkind“, auf der Stufe „Vorschulkind“ und auf
der Stufe „Schulkind“ mitbringt, damit sie es adäquat fördern können.

Fühlen, Wahrnehmen, Erinnern und Denken verändern sich während der Ontogenese der Entwicklung des Kindes vom Säugling zum Kleinkind, zum Vorschulkind, zum Schulkind und zum Jugendlichen.

Wenn wir für die Schulkinder der ersten Klasse einen inklusiven Mathematikunterricht entwickeln, müssen wir von den Kompetenzen ausgehen, die sie als Säugling, Kleinkind, Vorschulkind und Schulkind erworben haben.
Das nennt Vygotskij das Lernen in der Zone der aktuellen Entwicklung.
Wir müssen außerdem eine Ahnung von ihren potentiellen Entwicklungsmöglichkeiten haben und auch diesen gerecht werden.
Das Arbeiten in diesem Sinne nennt Vygotskij das Lernen in der Zone der nächsten Entwicklung.

Die psychische Metamorphose in der Ontogenese

Das **Ungeborene**

Die **Krise** für die Zygote vor der Geburt bis zum Säugling besteht darin, dass es für sie die Ausnahme ist, ins Leben zu kommen, wenn das Down-Syndrom diagnostiziert wird.
In Deutschland werden 98,5 % der Kinder abgetrieben, wenn vor ihrer Geburt das Down-Syndrom diagnostiziert wird. Weil der Fötus die Abtreibung überleben könnte, muss die Mutter vor dem **Schwangerschaftsabbruch e**iner intrauterinen Herztodspritze des Fötus zustimmen. Wenn der Fötus die Geburt überlebt, kommt er als Säugling auf die Welt. Der Fötus hat dann den Entwicklungssprung zum Säugling vollzogen.

Der **Säugling**

Der Säugling kann nur als soziales Wesen in der Einheit mit der Mutter überleben. Der Säugling ist vollständig abhängig von ihr. Er kann mit ihr von Anfang an kommunizieren. Er schreit, wenn er **Unlust** empfindet und er schläft zufrieden und lächelt, wenn er **Lust** empfindet.
Lev S. Vygotskij ist der Meinung, dass beim Säugling Sprache und Denken noch auseinanderfallen.

Flora war sieben Wochen alt, als sie zu mir in die Praxis kam. Sie lag in ihrem Körbchen. Sie hatte die Augen geöffnet. Ich versuchte mit ihr in Kontakt zu treten und bot ihr unterschiedliche Reize an.
Ich hielt einen roten Ring vor ihre Augen und bewegte ihn von rechts nach links hin und her.
Flora kommunizierte mit mir von Anfang an. Sie drehte ihr Köpfchen so gut sie konnte und ließ den Ring nicht aus den Augen. Dann berührte ich ihr Händchen mit dem Ring. Sie griff nach dem Ring und hielt ihn fest so gut sie konnte.
Ich hielt ihr eine Rassel an das Ohr. Sie bewegte das Köpfchen. Ich hielt ihr eine Spieluhr an das Ohr. Sie bewegte nicht nur das Köpfchen. Ich hatte den Eindruck, dass sie augenblicklich versuchte den ganzen Körper zu bewegen.
Nelo ist drei Monate alt. Sein Vater schaut ihm in die Augen und spricht mit ihm.
„Willst du Brei essen“? Nelo antwortet: „Äää“. „Willst du Chips essen?“ Nelo antwortet: „Äää.“

„Willst du Apfel essen?“ Nelo antwortet: „Ääa.“ So geht es drei Minuten. Ich habe noch nie gesehen, dass ein kleiner Säugling so interessiert kommuniziert wie Nelo.

Damit der Säugling Denken und Sprechen entwickeln kann, ist es notwendig, dass er die Möglichkeit bekommt, mit den Eltern tätig zu sein und zu kommunizieren.

Wichtig ist, dass der Säugling immer im Dialog ist. Wenn die Mutter ihren Finger in sein Händchen legt, wartet sie ab, bis er sein Händchen um den Finger schließt. Wenn sie ihn aufhebt und sie sich

mit ihrem Kopf zu seinem Köpfchen hin bewegt, wartet sie ab, bis er sich auch zu ihrem Kopf bewegt.

Wichtig ist der Augenkontakt. Wenn die Eltern den Säugling auf dem Schoß haben, dann so, dass sich beide in die Augen schauen können. Denn nur so sammelt sich die Energie, die vorher im Gehirn verteilt war, in den Zellkernen der Neuronen des Frontalhirns.

Wenn die Mutter ihn füttert, hält sie den Löffel vor seinen Mund. Dann lernt er schnell selbst den Mund zum Essen hin zu bewegen. Wenn sie ihm das Fläschchen gibt, dann hält sie es vor ihm hin, bis er danach greift. Der Säugling lernt schnell, dass Tätigkeit, das ist seine Art zu denken, zum Erfolg führt. Das sind die funktionellen Systeme, aus denen sich die höheren psychischen Systeme wie Wahrnehmen, Sprechen und Denken entwickeln.

Wenn der Säugling auf den Bauch gelegt wird, ist es hilfreich, ihn auf eine schiefe Ebene zu legen, weil er dann ohne große Anstrengung sein Köpfchen nur ein wenig heben muss, um sich seine Umgebung anzuschauen.

Der Säugling braucht unterschiedliche Nahrung, mal warm, mal kalt, mal

weich, mal fest usw.
Er braucht unterschiedliches Spielzeug, das können auch Gebrauchsgegenstände sein, wie Löffel, Bürste, Schachtel, Tuch usw.
Er braucht ein vielfältiges Angebot für sein Gehör. Die Mutter singt ihm Lieder vor. Er hört klassische Musik. Er tippt Töne auf dem Klavier.
Wichtig sind Fingerspiele. Die Finger sind die Antennen zur Umwelt.
Der Säugling entwickelt sich zum Kleinkind, wenn er möglichst nicht allein ist, wenn er möglichst viel tätig ist und wenn er meistens in Harmonie und glücklich ist.

Das **Urwir** ist die **Dominante**, die das Handeln von Säugling und Mutter steuert.

Wenn der Säugling lernt gemeinsam geteilt mit der Mutter neugierig auf seine Umwelt zu reagieren, **denkt** er.

Die **Krise** des Säuglings von der Geburt zum Kleinkind besteht darin, dass er nicht mehr in erster Linie das Liebesobjekt der Mutter ist, sondern sich nun selbst zum Subjekt entwickelt, das sich mit den Erwachsenen gemeinsam die Kultur aneignen wird.
Der Säugling hat den Entwicklungssprung zum Kleinkind vollzogen.

Das **Kleinkind**

Die Kinder auf der psychologischen Entwicklungsstufe „Kleinkind“ lernen gemeinsam geteilt mit den Erwachsenen mit den Kulturgegenständen im Wahrnehmungsfeld zu handeln und zu kommunizieren.
Sie lernen zunehmend selbstständig mit dem Löffel zu essen, aus der Tasse zu
trinken, sich mit dem Kamm zu kämmen, mit der Zahnbürste die Zähne zu putzen, den Ball zu werfen und zu fangen usw. Sie lernen im Umgang mit den Gegenständen ihre fünf Sinne zu entwickeln, zu schmecken, zu fühlen, zu hören, zu riechen und zu sehen.
Um im Wahrnehmungsfeld erfolgreich zu sein, müssen die Kinder, wie der Volksmund so schön sagt: „Alle Sinne beisammen haben“.

Die **sinnliche Wahrnehmung** und die **soziale Sprache** ist die **Dominante**, die das Handeln der Kinder auf der psychologischen Entwicklungsstufe Kleinkind steuert.

Wenn das Kleinkind im Wahrnehmungsfeld mit Hilfe der Kulturgegenstände gemeinsam geteilt mit Erwachsenen kommuniziert und nach Lösungen sucht, **denkt** es.

Die **Krise** des Kleinkindes, des Dreijährigen dem Vorschulkind, besteht darin, dass seine inneren Bedürfnisse, die aus dem Unbewussten kommen, zunehmend den Erwartungen der Erwachsenen entgegenstehen.
Die Kinder heben die psychische Einheit mit den Eltern auf. Dies wird von den Erwachsenen als Trotzphase gesehen. Für die Kinder aber ist es ein notwendiger Schritt zur Menschwerdung.
Das Kleinkind hat den Entwicklungssprung zum Vorschulkind vollzogen.

Das **Vorschulkind**

Die Eltern sollten diese so wichtige Phase für ihre Kinder mit Achtung unterstützen. Es ist nämlich nicht einfach, in den Widerstand zu den geliebten Menschen zu gehen. Diesen Widerstand entwickeln die Kinder nur, wenn sie dafür anerkannt und nicht bestraft werden.

Während der Trotzphase lernen die Kinder ihren inneren Bedürfnissen zu folgen.
Sie konstruieren mit Hilfe des Gedächtnisses ihre eigene innere Welt.
Sie entäußern ihre innere Welt im Rollenspiel. Wenn das Kind Schaffner spielt, dann ist es nach Lev S. Vygotskij Schaffner. Die Kinder bringen ihre innere Welt auch in ihren Malereien zum Ausdruck.

Ich habe in meiner Praxis immer wieder die Erfahrung gemacht, dass Kinder im mathematischen Denken entwicklungsverzögert waren, wenn sie die Trotzphase nicht erfolgreich für sich nutzen konnten.
Mathematikunterricht bedeutete für sie in meiner Praxis zu lernen, eigene Bedürfnisse zu formulieren und dass Durchsetzen eigener Interessen angstfrei zu wagen.

Die Kinder erkennen zunehmend, dass das Bewusstsein im Wahrnehmungsfeld nicht immer hilfreich ist.

Anton sucht seinen Teddy. Er findet ihn erst, als er sich daran **erinnert,** wo er ihn zuletzt gesehen hat. Nämlich im Auto seiner Mutter. Nun sucht er nicht mehr in meiner Praxis.

Die Kinder lernen nicht nur die äußere Welt mit den fünf Sinnen wahrzunehmen, sondern sie lernen das **Wahrnehmungsfeld zu verlassen.** Zunehmend lernen sie sich an ihre Erfahrungen im Wahrnehmungsfeld zu erinnern.

Die Kinder können sich nur erinnern, wenn sie gelernt haben, ihre Erfahrungen im Kopf aufzuheben.

Die Vorschulkinder haben gelernt, in den Widerstand zur Anschauung im Wahrnehmungsfeld zu gehen. Sie verlassen sich auf ihr Erinnern.

Die Anschauung ist oft trügerisch.

Das Vorschulkind ist nun in der Lage, mit Hilfe seines Gedächtnisses die Invarianz zu erkennen.

Josefine geht in die erste Klasse. Die Lehrerin schaut zu, wie sie die Invarianz lernt.

Josefine hat zwei Gläschen blauen Sand in das hohe schmale Glas geschüttet und zwei Gläschen roten Sand in das niedrige breite Glas geschüttet. Sie zeigt auf das hohe Glas.

Sie sagt zur Lehrerin:

„Du denkst das hier mehr ist oder? Aber das ist nicht mehr. Ich weiß das. Wenn du hinguckst, dann denkst du, dass das mehr ist. Ich weiß das genau." Die Lehrerin sagt: „Wie weißt du das?"

Josefine schließt die Augen. „Ich hab doch in jedes Glas zwei Gläschen geschüttet."
Wir klatschen.

Das **Erinnern** und das **Bewusstwerden geheimer Tendenzen** ist die **Dominante**, die das Handeln der Kinder, die auf der entwicklungspsychologischen Stufe Vorschulkind sind, steuert.

Vygotskij schreibt:
Wenn sich das Vorschulkind erinnert, **denkt** es.

Die **Krise** des sechsjährigen Vorschulkindes zum Schulkind besteht darin, dass es erkennt, dass seine inneren Bedürfnisse nicht den Erwartungen, die die Umwelt an es stellt, entsprechen.
Diese Erfahrungen machen die Kinder unsicher.
Wenn das Vorschulkind gelernt hat, sich tatkräftig in seiner Umwelt zu verwirklichen, hat es den Entwicklungssprung zum Schulkind vollzogen.

Das **Schulkind**

Diesen Sprung vom Vorschulkind zum Schulkind beschreibt Matti:
Als Matti von der Schule für geistig Behinderte auf die Förderschule wechselte, fragte ich ihn:
„Was hat sich nun in deinem Leben verändert, seitdem du auf eine Schule gehst, wo du richtig lernen kannst?"
Er antwortete: „Alles hat sich für mich geändert. Ich habe immer geträumt, wenn ich etwas wollte. Ich habe zum Beispiel von Schokolade geträumt. Das mache ich nun nicht mehr. Wenn ich etwas Leckeres möchte, dann schmiere ich mir ein Brot mit Marmelade."

Marvin hatte Sand, Hirse, Linsen, Reis und Bohnen in einen Messbecher gekippt.
Ich sagte zu ihm:
„Das wollte ich nicht, dass du alle Sorten zusammenkippst."
Marvin beruhigte mich. Er siebte den Sand mit dem Sieb raus, das er schon oft benutzt hatte.
Dann überlegte er: „Ich brauche einen Nagel." Ich besorgte ihm einen Nagel und er hatte die Idee ein Sieb zu machen, durch das die Hirse läuft. Mit dem Lehrer hämmerte er nun das Dosensieb.

Und tatsächlich, die Hirse lief durch sein Sieb. Er hatte das Dosensieb erfunden.

Er war also in der Lage, seine inneren Vorstellungen in die Tat umzusetzen und zu verwirklichen.
Marvin hat gelernt, seinen inneren geistigen Handlungsplan auszuführen.

Die Fähigkeit **innere geistige Handlungspläne** zu konstruieren ist die **Dominante**,
die das Handeln der Kinder, die auf der psychologischen Entwicklungsstufe Schulkind sind, steuert.

Wenn das Schulkind in der Lage ist, seine Ideen zu verwirklichen, geistige Handlungspläne zu vollziehen, **denkt** es.

Die Krise des zwölfjährigen Schulkindes zum Jugendlichen besteht darin, dass es ihm zunehmend gelingt die Ansprüche an sich selbst zu verwirklichen, das heißt, dass er Identität entwickelt.
Wenn das Schulkind Identität entwickelt hat, das ist das Bewusstsein von sich selbst, hat es den Entwicklungssprung zum Jugendlichen vollzogen.

Die Geschichte der Zahl

Wir wissen aus der prähistorischen Zeit nichts.
Wir können nur ahnen, wie es gewesen sein könnte.
Die Menschen mussten um zu überleben im Einklang mit der Natur leben.

Um zu überleben, lernten die Menschen ihr Handeln und Denken an die jeweiligen Lebensbedingungen anzupassen. Sie gestalteten mit Einfallsreichtum ihre Umwelt.
Als Werktätige veränderten sie ihr Fühlen, Handeln und Denken über die lange Geschichte der Menschheit. Sie waren von Anfang an sozial und klug.
Die Entdeckung des Faustkeils war in der Urzeit genauso intelligent wie notwendig, wie es die Entdeckung der künstlichen Intelligenz für den modernen Menschen ist.

1 a) Die **Kultur des Werkzeuggebrauchs in der Jäger- und Sammlerinnengesellschaft**

Die Mathematik der Jäger und Sammlerinnen ist die Herstellung unterschiedlicher Werkzeuge und der Gebrauch. Ihre Geschichte begann mit der Erfindung des Faustkeils und der Speerspitzen. Sie bauten Fallen, um ein Mammut zu fangen. Die Sammlerinnen sammelten verschiedene Wildfrüchte. Sie lernten ihre Beute und ihre Funde innerhalb ihrer Sippe so zu verteilen, damit alle überleben konnten.
Sie lernten selbst Feuer zu entzünden. Das Feuer schützte und wärmte sie. Sie konnten nun rohes Fleisch und unverdauliche Früchte durch Kochen und Grillen verfeinern und essbar machen.

Sie machten sich mit den unterschiedlichen Gewässern vertraut. Sie fischten auf unterschiedliche Weise. Sie bauten sich Boote und überquerten Flüsse und Meere. Sie entdeckten und besiedelten neue Kontinente.

Sie nutzen die unterschiedlichen Formen des Erdbodens. Aus dem Lehmboden stellten sie Kochgeschirr her. Sie lernten aus Lehm Behausungen zu bauen. So schützten sie sich vor wilden Tieren und Kälte. Sie lernten den Ackerbau.
Erst der moderne Mensch eroberte viel später den Luftraum.

Wir haben nur unsere eine Erde.
Wir müssen sie schützen und pflegen.
Wir müssen sorgsam mit dem Reichtum, den sie für uns bereit hält, umgehen.
Wir müssen mit dem Energieverbrauch sparsam haushalten.
Wir müssen dafür sorgen, dass jeder Mensch einen Zugang zur Energieversorgung hat damit niemand friert und alle Menschen an ein Stromnetz angeschlossen sind, wenn sie es wollen.

Wir müssen unsere Meere vor Plastikmüll schützen.
Wir müssen dafür sorgen, dass jeder Mensch Zugang zu sauberem Trinkwasser hat.
Wir dürfen die Meere nicht leer fischen.
Wir müssen den Fischfang für alle Menschen so gerecht wie möglich regeln.
Wir müssen eine saubere Landwirtschaft entwickeln.
Das ist die Voraussetzung dafür, dass die Pflanzen und Tiere nicht vergiftet sind.
Nur so können die Menschen gesunde Nahrung essen.

Wir müssen die Luft, die wir zum Atmen brauchen, sauber halten.
Wir müssen die Ozonschicht schützen.
Wir müssen darüber nachdenken, dass wenn wir in ein Flugzeug steigen, vielleicht auch mit dem Schiff oder mit der Bahn unser Reiseziel erreichen könnten.

Wir müssen uns bewusst sein, dass sich hinter jeder Zahl ein Schicksal

verbirgt, eine Aufgabe für die wir eine Lösung suchen müssen.
Jedes Kind, sollte ein Recht auf Nahrung, auf medizinische Versorgung, auf Bildung, auf Schutz und liebevolle Fürsorge haben. Doch die Zahlen sprechen eine andere Sprache.

Eine Million Kinder, **ist nicht gleich eine Million** auf dem Sparkonto.

Die Vorschulkinder, die Schulkinder und die Jugendlichen denken im Mathematikunterricht auf ihre Weise über den verantwortungsvollen Umgang mit dem Reichtum nach, den die Erde für uns noch bereit hält.

Als ich in Nicaragua arbeitete, gab es vier Tage hintereinander kein Wasser.
In der vierten Nacht musste ich mit einer halben Tasse Wasser aus der Regentonne auskommen.
Ich hatte mehrere Chlortabletten hinzugefügt. Mein Hals war geschwollen.
Ich befeuchtete Stunde um Stunde mit dem Finger die brennenden Lippen mit dem kostbaren Wasser.
Es dauerte nur ein paar Wochen, bis ich wieder Wasser in den Ausguss schütten konnte.

Mit Hilfe von Miniaturen spielen die Kinder die Geschichte unserer Urahnen nach. Sie erfahren, wie sie das Feuer entdeckten, die Meere eroberten, den Ackerbau entwickelten und wie es ihnen gelang sich in die Luft zu erheben.
Sie lernen dabei auf ihre Weise den Umgang mit dem Feuer, dem Wasser, der Erde und der Luft.

Das **Feuer**

Die Menschen entdeckten, wie sie mit Hilfe von Feuersteinen Feuer entzünden konnten. Das Feuer half ihnen im rauen Klima, umgeben von wilden Tieren, zu überleben.
Es half ihnen viele Früchte zu verfeinern, so dass sie essbar wurden. Sie lernten das rohe Fleisch zu grillen, zu kochen und zu braten.

Henri, 4 Jahre alt, weiß, dass Feuer auch eine Gefahr für den Menschen werden kann, wenn er es nicht kontrolliert. Ein Haus brennt. Er holt Feuerwehrmann Sam.

Marvin, 9 Jahre alt, experimentiert mit Feuer

Das **Wasser**

Die Menschen bauten Flöße und Boote. Sie entdeckten den Fischfang. Sie freundeten sich mit den Gewässern an.
Sie überquerten die Meere und entdeckten ferne Kontinente.

Henri singt:
„Alle meine Entchen schwimmen auf dem See, Köpfchen unterm Wasser, Schwänzchen in die Höh.“
Einige Entchen tauchen tief, anderen bleiben auf der Wasseroberfläche.

Timo, 9 Jahre alt, experimentiert mit Wasser und Öl.

Öl und Wasser

Du brauchst ein Glas
Öl
Wasser
einen Messbecher
einen Löffel.

1. Gieße 50 ml Wasser in das Glas. Benutze dazu den Messbecher.
2. Gieße 50 ml Öl in das Glas.
3. Nimm den Löffel und rühre kräftig um.

Jetzt beobachte was im Glas passiert.

DAS ÖL KLETTERT NACH OBEN.

Warum klettert das Öl nach oben?

Siehe auch: Christel Manske: Das Down-Syndrom: Begabte Kinder im Unterricht DVD. Lehmanns Media Berlin 2011.

Dichte

Jedes Material hat eine eigene Dichte. Die Dichte ist abhängig von den Teilchen im Material:

→ von der Anzahl der Teilchen

→ Gewicht der einzelnen Teilchen

geringere Dichte

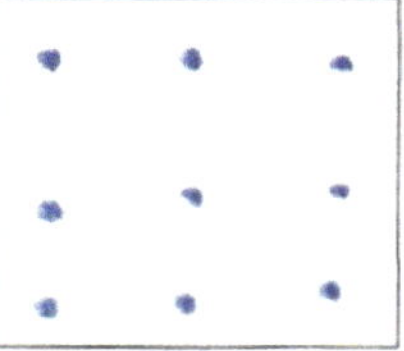

gleiche Anzahl, aber Teilchen sind leichter

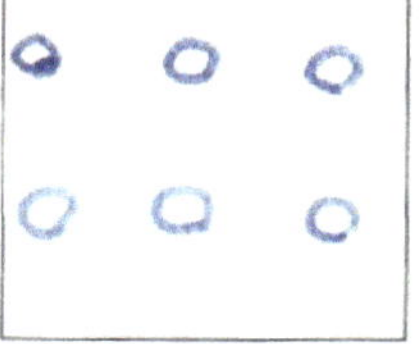

Teilchen haben das gleiche Gewicht, sind aber weniger

höhere Dichte

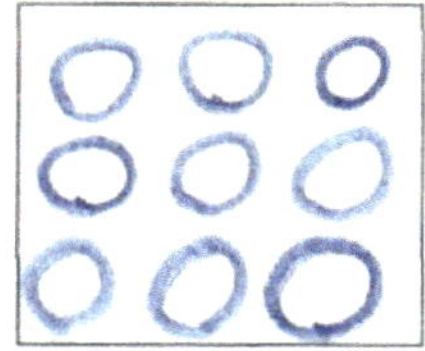

gleiche Anzahl, aber Teilchen sind schwerer

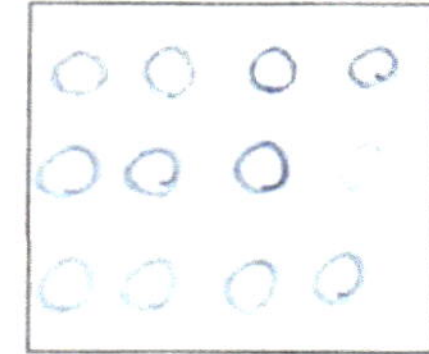

Teilchen haben das gleiche Gewicht, sind aber mehr

Marvin, 9 Jahre alt, gießt gleich viel Wasser und Öl in jeweils einen Becher. Er wiegt beide Becher. In jedem Becher sind 200 ml Flüssigkeit. Damit das Gewicht von Wasser und Öl gleich ist, muss er mehr Öl in den Becher gießen.

Er stellt fest, dass die Menge des Wassers geringer ist. Für die Menge Öl muss er 100 ml mehr in den Becher gießen, damit beide Becher gleich schwer sind.

Marvin entdeckt, dass Wasser schwerer ist als Öl. Er staunt.

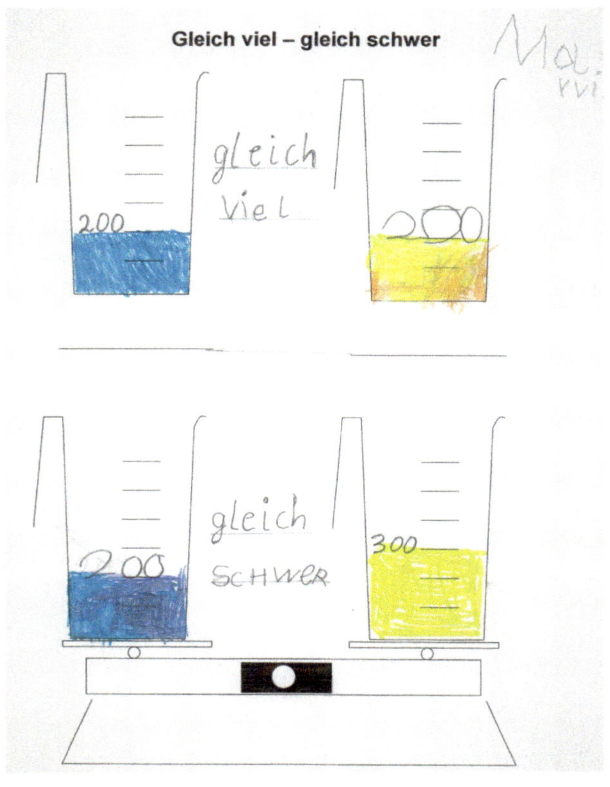

Die **Erde**

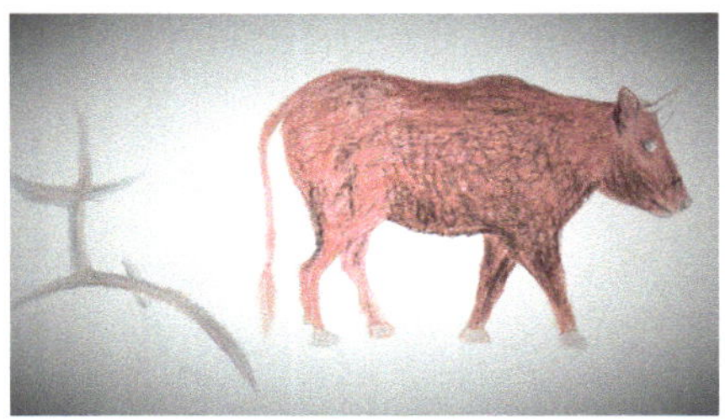

Die Menschen entdeckten den Ackerbau. Sie entwickelten unterschiedliche Werkzeuge, mit deren Hilfe sie das Land kultivierten. Sie hielten Haustiere, die ihnen bei der Arbeit halfen.

Paul, 8 Jahre alt, hilft im Garten.
Er rupft das Unkraut. Er harkt es zusammen und begießt die Blumen.
Er ist Gärtner.

Marvin pflanzt Feuerbohnen und misst ihr Wachstum.

Marvin wertet sein Experiment aus.

Nach 7 Tagen sind die Bohnen 23 cm groß.

Nach 14 Tagen sind die Bohnen 39 cm groß.

Nach 21 Tagen sind die Bohnen 48 cm groß.

Nach 28 Tagen sind die Bohnen 70 cm groß.

Die **Luft**

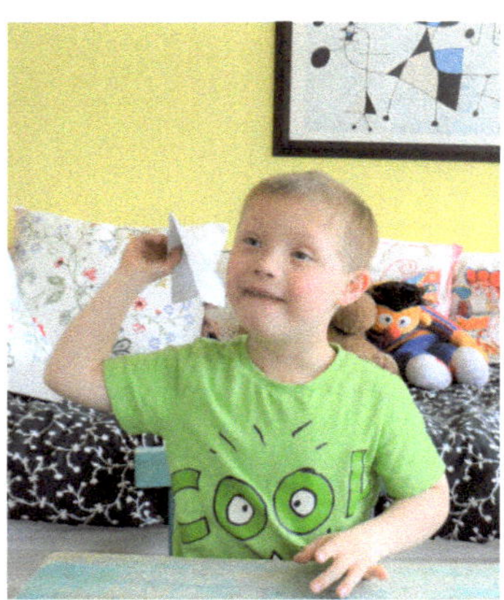

Die Menschen eroberten den Luftraum. O. Lilienthal schaute sich den Gleitflug von den Vögeln ab.
Er ist der Vater aller Flugzeuge.

Finn, 5 Jahre alt, pustet die Seifenblasen in die Luft. Er verfolgt sie mit seinen Augen, wie sie wie leuchtende Kugeln durch die Luft schweben.

Laurenz, 7 Jahre alt, baut wie Otto Lilienthal seinen ersten Gleiter.

Timo experimentiert mit der Luft.

Wie kommt die Luft ohne Pusten in den Luftballon?

Wie kommt das Ei von selbst in die Flasche?

Siehe auch: Christel Manske: Das Down-Syndrom: Begabte Kinder im Unterricht. Kapitel 14. Der Entdeckende Unterricht, S. 148- 163. Lehmanns Media Berlin 2011.

Der Indianerhäuptling Seattle richtete seine Botschaft
an den Präsidenten der USA im Jahre 1855:

„Die Erde ist unsere Mutter
denn das wissen wir:
Die Erde gehört nicht den Menschen.
Der Mensch gehört zur Erde.
Alles ist miteinander verbunden.
Die Erde verletzen, heißt ihren
Schöpfer verachten."

Der Mathematikunterricht auf den psychologischen Entwicklungsstufen

1 b) Das **Kleinkind**

Der Gebrauch von **Handwerkszeug** und die laute Sprache

Für Kleinkinder ist es notwendig, dass sie Objekte in ihrer Umwelt vorfinden, die für sie sinnvoll sind, mit denen sie agieren können und die ihnen helfen ihre Selbstständigkeit zu unterstützen. Nur so lernen sie die kulturelle Bedeutung der **Kulturgegenstände.**

Zunehmend lernen sie mit Hilfe der Erwachsenen und der sozialen Sprache mit den Kulturgegenständen adäquat tätig zu sein.
Sie essen mit dem Löffel, trinken aus der Tasse,
putzen die Zähne mit der Zahnbürste, kämmen sich mit dem Kamm,
ziehen sich die Schuhe mit Klettverschluss an.

Die Kleinkinder lernen im Wahrnehmungsfeld Lösungen zu finden,
das heißt zu denken.

Anna ist zwei Jahre alt. Sie sieht die Torte auf dem Tisch. Sie sagt: „Torte, Torte." Sie zieht solange an der Tischdecke, bis die Torte in Reichweite ist. Ihre Großmutter Ludmilla F. Obuchova ist begeistert.

Max kommt aus einer Akademikerfamilie.

Er kennt den Gebrauch von Handwerkszeug nicht.

Ich frage Nina F. Talyzina:

„Die einzigen Werkzeuge, die Max kennt,

sind Löffel und Kamm."

Darin sieht Nina F. Talyzina seine Chance:

„Das ist genug. Er kann mit unterschiedlich großen Löffeln und Kämmen das Vergleichen und das Messen lernen."

Kinder, die Nüsse gesammelt haben, lernen den Werkzeuggebrauch mit unterschiedlichen Nussknackern.

Die Hörnchen helfen dem Nussknackerkönig.

Später lernen sie als kleine Handwerker mit dem Werkzeugkasten zu hämmern, zu sägen, zu schneiden und zu kleben. In meiner Praxis gibt es die kleine Werkbank. An der Werkbank lernen sie mit dem Hammer kleine Holzstäbe in eine Öffnung zu hämmern, Holzschrauben festzuziehen oder mit dem Schraubenzieher wieder herauszuziehen.
Als kleine Köchinnen lernen sie die Hausarbeit. Sie lernen mit Küchengeräten zu mixen, zu raspeln, zu reiben. Sie lieben es mit Haushaltsgeräten zu putzen, zu fegen, zu saugen usw.
Sie entdecken den individuellen Werkzeuggenbrauch für die Lösungen ihrer Bedürfnisse im Wahrnehmungsfeld.

Ludmilla F. Obuchova hat in einen Eimer mit Wasser Kugeln unterschiedlicher Größe geschüttet. Sie stellt Malte verschiedene Werkzeuge zur Verfügung: Eine Gabel, einen Löffel, eine Kelle, eine Harke.
Er bekommt die Aufgabe die Kugeln aus dem Eimer zu fischen.
Nach einigen Versuchen erkennt er, dass die Kelle das beste Handwerkszeug für diese Aufgabe ist.
Diese Aufgabe wiederholt Lena.

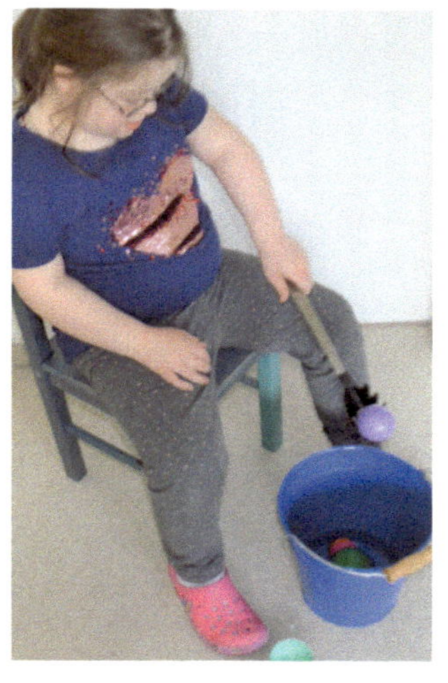
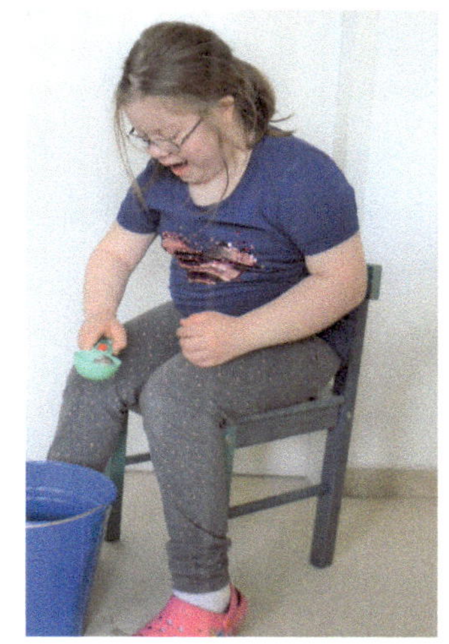
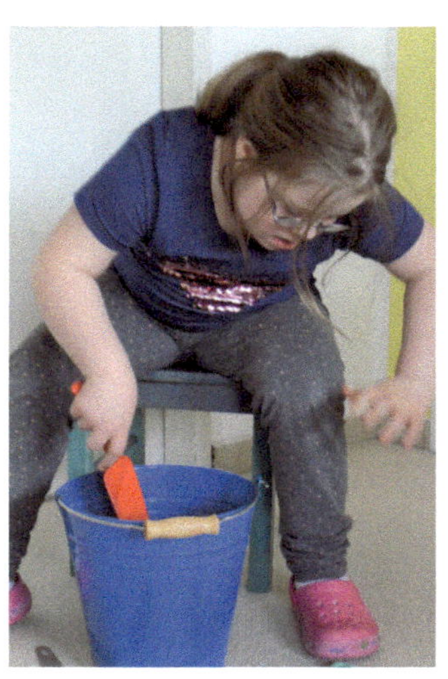
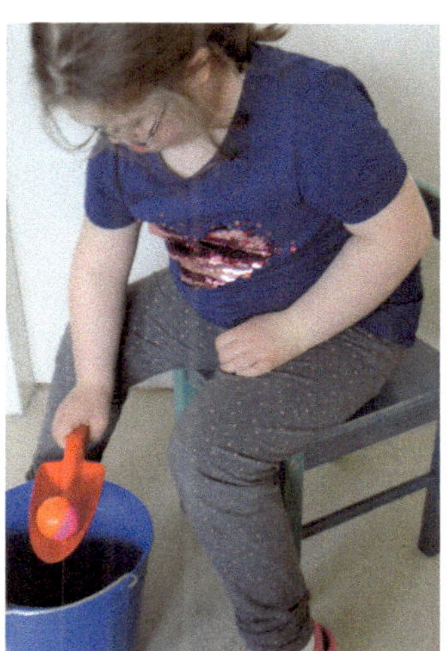

Die **Reversion**

Die Kinder handeln wie die Sammlerinnen. Sie suchen im Herbst Kastanien, Eicheln, Tannenzapfen, Haselnüsse und Walnüsse.
Sie sammeln sie ein und schütten sie in die verschiedenen Gefäße.
Sie schütten hin und her.

Benjamin, 3 Jahre alt, schüttet Kastanien hin und her.

Ich war drei Jahre alt. Mein liebstes Spielzeug war Omas Knopfschachtel. Ich sehe die Knöpfe noch heute. Da waren die Herzen, da waren die Bernsteine, da waren die aus Silber und Perlmutt. Da waren die von Opas Joppe und Omas Kleid und von meiner Strickjacke die Edelweißblumen. Ich saß vor meiner Schachtel und ließ immer den einen oder den anderen Knopf von einer Hand in die andere fallen. Ich schloss die Augen und da sah ich sie trotzdem. Ich fühlte das Herz, ich fühlte den Metallknopf und den Bernstein. Es waren so viele Knöpfe wie Sterne am Himmel. Es war Krieg.

Foto: Dan Petersen

Die **Klassifikation**

Jede Zahl ist ein Oberbegriff und gehört zu einer Klasse.

Die **Kleinkinder** lernen die Klassifikation im **Wahrnehmungsfeld,** indem sie gemäß ihrer **Erfahrung** unterschiedliche Dinge ordnen.

„Ein junger Mann wollte Obst“, so erzählt einmal Georg F. W. Hegel, „und er verschmähte deshalb Äpfel, Birnen, Pflaumen, Kirschen, Quitten. Er wollte nicht Äpfel, sondern Obst, und nicht Pflaumen, sondern Obst, und nicht Kirschen, sondern Obst, und nicht Quitten, sondern Obst. Er wählte den einzigen Weg, der mit Sicherheit erfolgreich war, gerade das nicht zu bekommen, was er
wollte: nämlich Obst; denn Obst ist – jedenfalls für uns Menschen – nur in Gestalt von Äpfeln oder Birnen oder Pflaumen oder Kirschen oder Quitten zu haben“
(Georg W. F. Hegel: Werke in zwanzig Bänden. Band 18. S.36-38. Frankfurt am Main 1979).

Samaa, 5 Jahre alt, sortiert Obst.

David ordnet Bestecke nach Form und Farbe in einen Besteckkasten.
Zuerst kommen alle Gabeln, alle Löffel und alle Messer in das Fach.
In den zweiten Kasten sortiert er alle blauen Bestecke, alle grünen Bestecke,
alle roten Bestecke und alle gelben Bestecke.
Während er eben noch im Sinne des Kleinkindes die Bestecke nach Form und Farbe klassifiziert hat, steigt er um auf das Rollenspiel. Er verlässt das Wahrnehmungsfeld. Innere Bedürfnisse steigen aus seinem inneren Bewusstsein hoch,
wenn er das Besteck sieht.
Er legt seinen Fuß auf den Tisch und schneidet sich ein Stück Braten ab.
Der Kollege spielt mit.
Aus dem Sortieren wird ein Festessen.
(DVD „Mathe macht glücklich" Gollhardt Filmsortiment)

Lev S. Vygotskij ist der Überzeugung, dass ein Kind die Rolle nicht spielt.
Es **ist** die Rolle.
In diesem Beispiel vollzieht der Kollege gemeinsam mit David den Sprung vom Kleinkind zum Vorschulkind mit.
Es wäre eine Tragödie, wenn er gesagt hätte: „Nimm den Fuß vom Tisch.
Du sollst die Messer und die Gabeln in den Besteckkasten räumen."
Er hätte den Entwicklungssprung, die Umstrukturierung des Gehirns, gehemmt.

Die Kinder ordnen gemeinsam die Nüsse und die Kerne.
Danach prüfen sie gemeinsam, ob sie alle Nüsse und Kerne richtig zugeordnet haben.

Dann dürfen sie die Nüsse essen.
Sie lernen bewusst zu schmecken, zu riechen, zu hören, zu fühlen und zu sehen.
Sie vergleichen die Nüsse mit ihren fünf Sinnen und sie kommunizieren ihre individuellen Entdeckungen.

Die **Ausbildung der fünf Sinne**

Die Kleinkinder lernen ihre fünf Sinne auszubilden und zu synchronisieren. Der Volksmund sagt ganz richtig: „Wir müssen immer die fünf Sinne beisammen haben.“
Nur wenn das sinnliche Erleben sprachlich bezeichnet wird, wird aus dem Erleben Erfahrung.
Daher ist es notwendig, dass die Handlungen sprachlich bezeichnet werden.
Nur in der Einheit von Tätigkeit und Sprache entwickeln die Kinder das funktionelle System Erfahrung.

„Gedanken ohne Inhalt sind leer, Anschauungen ohne Begriffe sind blind.“ (Immanuel Kant: Kritik der reinen Vernunft)

Die Synchronisation aller Sinne geschieht nicht bei allen Kindern ohne besondere Hilfe, sondern muss gerade bei Kindern mit einer Entwicklungsverzögerung gemeinsam mit den Erzieherinnen entwickelt werden.

Die Bildung der fünf Sinne geschieht auf der Stufe des psychologischen Alters Kleinkind im Wahrnehmungsfeld während der gemeinsam geteilten Tätigkeit mit den Kulturgegenständen und der sprachlichen Bezeichnung der jeweiligen Eigenschaften der Gegenstände.

Die Kinder lernen mit Hilfe der Sprache das sinnliche Erleben in bewusste geistige Erfahrungen zu kultivieren.

Karl Marx schreibt: „Die Ausbildung der Sinne ist eine Arbeit der ganzen bisherigen Weltgeschichte“ (Marx-Engels Werke 40/540-542).

Die fünf Sinne entwickeln sich nicht reifemäßig. Sie sind wie schon gesagt das Ergebnis der gemeinsamen Tätigkeit der Erwachsenen und der Kleinkinder mit den Kulturgegenständen.

Wenn die Kinder die Sprache hören ohne eine Beziehung zu ihrer Tätigkeit, bleibt die Sprache nur eine Ansammlung von Lauten. Wenn sie die Umwelt erleben ohne sie zu benennen, können sie sich von dem Erlebten kein inneres Bild machen und es im Gedächtnis festhalten.
Wenn ein Biologe über eine Wiese geht, sieht er viele unterschiedliche Gräser. Wenn wir über die Wiese gehen, sehen wir nur grünes Gras.
Wenn das Kind zunehmend in der gemeinsam geteilten Handlung seine sinnliche Wahrnehmung schärft, ist es zunehmend in der Lage für seine Handlungen geeignetes Werkzeug zu benutzen.
Diese Fähigkeit ist auch bei Primaten ausgebildet, wenn sie zum Beispiel eine Kokosnuss mit einem Stein aufschlagen oder sich eine Banane mit einem Stock angeln.

Das Erlernen **qualitativer Eigenschaften** mit Hilfe der **Klassifikation**

Der **Sehsinn**

Wenn der Säugling sich die Gegenstände aneignet, die er in der Hand hat, zum Beispiel einen Ball, dann folgen seine Augen seinen Handbewegungen.
Um selbstständige Handlungen im Wahrnehmungsfeld vollziehen zu können, muss das Kleinkind zunehmend lernen, dass seine Handbewegungen seinen Augenbewegungen folgen.

Das Kind sieht den Ball auf seinem Kissen. Es behält den Ball im Auge und nähert sich, bis es den Ball endlich wieder in den Händen hält.

Um den **Umschlag** von „**die Hände steuern die Augenbewegung**" zum „**die Augen steuern die Handbewegung**" zu erreichen, ist es notwendig, dass den Kindern die Möglichkeit gegeben wird, diese Fähigkeit Schritt für Schritt zu erlernen.

Das Kleinkind spielt mit dem Ball. Der Ball rollt weg und das Kind weint. Nun ist es hilfreich für die Entwicklung der Augenbewegung, dass die Mutter dem Kind nicht den Ball in die Hand gibt, sondern vor seine Augen hält und dann in dem Abstand vor das Kind so positioniert, dass das Kind den Ball fixieren kann. Wenn das Kind den Ball nicht aus den Augen verliert, greifen seine Hände selbst danach. Wichtig ist, dass bei allen

Tätigkeiten die Erwachsenen darauf achten, dass das Kind bei seiner Tätigkeit den letzten Schritt zum Erfolg selbst vollzieht.
Das nennt Aleksej N. Leontjev die Endbekräftigung, die für die Automatisierung der Herausbildung funktioneller Systeme notwendig ist.

Wenn das Kind z.B. lernt mit dem Löffel zu essen, wird zuerst der erste Schritt, dass das Kind den Löffel in die Hand nimmt, bekräftigt. Dann wird der nächste Schritt, dass das Kind den Löffel zum Brei führt, bekräftigt, dann der nächste Schritt, dass das Kind den Löffel zum Mund führt, bekräftigt, bis der Teller leer ist. Zum Schluss wird das Kind nur noch bekräftigt, wenn es den ganzen Teller leer gegessen hat.
Die Bekräftigung ist eine Handlung, die dem Kind gut tut wie z.B. sanftes Streicheln über das Köpfchen oder dem Kind liebevoll in die Augen schauen und lächeln: „Fein gemacht."
(Aleksandr V. Zaporožec, Vladimir P. Zinčenko „Wahrnehmung als Handlung" in: Thomas Kussmann „Bewußtsein und Handlung", S. 100 – 123, Bern 1971).

Die Kinder üben das genaue Sehen.

Paul, 12 Jahre alt, und Sophia, 6 Jahre alt, lernen mit Hilfe eines Konzentrationslottos genau hinzusehen.

Paul ordnet Schneemänner zu, die sich in drei Merkmalen unterscheiden, Hut, Stock und Karottennase.

Sophia ordnet Papageien zu, die sich in drei Merkmalen unterscheiden, Blickrichtung rechts, links, rechts-links.

#NOFILTER

#NOFILTER

POLO

POLO

Der **Gehörsinn**

Wenn Gustav auf dem Xylophon spielt, hört er die Töne, doch er weiß nicht woher sie kommen.
Er dreht seinen Kopf zum Fenster, macht große Augen und sucht die Tonquelle.
Wie sich das funktionelle System Gehör tätig entwickelt, haben Wissenschaftler an der Universität Moskau erforscht.

Leontjev schreibt: „In unserem Laboratorium an der Moskauer Universität untersuchten wir eingehend, wie sich sensorische funktionelle Systeme, insbesondere die Systeme des Gehörs für die Tonhöhen bildeten.
Dabei gelang es uns, das Gehör der Probanden aktiv umzugestalten, indem wir dessen wichtigste motorische Komponenten durch lautes Nachsingen des wahrgenommenen Tones zur Wirkung brachten. In einigen noch nicht abgeschlossenen Experimenten versuchten wir, diese Komponenten durch die adäquate Anspannung der Handmuskeln zu ersetzen. Die bisher vorliegenden Ergebnisse bestätigen die Möglichkeit eines solchen Austausches."

Einer Grundschullehrerin ist es gelungen, das regelrechte Singen der Tonleiter mit Hilfe einer Treppe zu üben, die sie im Klassenzimmer aufgestellt hatte. Die Kinder kletterten und sangen die Töne, die sie auf dem Klavier spielte, auf der Treppe hoch und runter.

Robin, Henri und Lyn begleiten das Lied

„Alle meine Entchen schwimmen auf dem See“ mit Instrumenten.

Der **Geschmackssinn**

Als Annabell zu mir in die Praxis kam, hat sie sich alles in den Mund gesteckt, was ihr in die Augen fiel: Sand, Glasperlen, Knete usw. Sie hatte den Geschmackssinn nicht entwickelt.

Am Anfang hatten wir auf das Sandspielbrett an Stelle von Sand Zucker gestreut.

Wir sahen in ihrem Gesicht kein Erstaunen. Erst als wir gemeinsam verschiedene Übungen machten, lernte sie bewusst zu schmecken.

Wir stippten z.B. mit dem Finger in das Salz und sagten:

„Salzig“. Wir schüttelten uns.

Wir stippten mit dem Finger in den Zucker und sagten: „MMMM“.

Wir bissen in eine Zitronenscheibe und sagten:

„Sauer.“ Unser Gesicht verzog sich von selbst.

Als wir Chicorée aßen, sagten wir spontan: „Äh“.

Jan war schon drei Jahre. Er wollte nur pürierte Nahrung essen. Ich spielte mit ihm Apfel lutschen, dann Apfel beißen und ausspucken, dann Apfel beißen und lutschen.

Es dauerte ein paar Wochen, da schmeckte ihm der Apfel.

süß

sauer

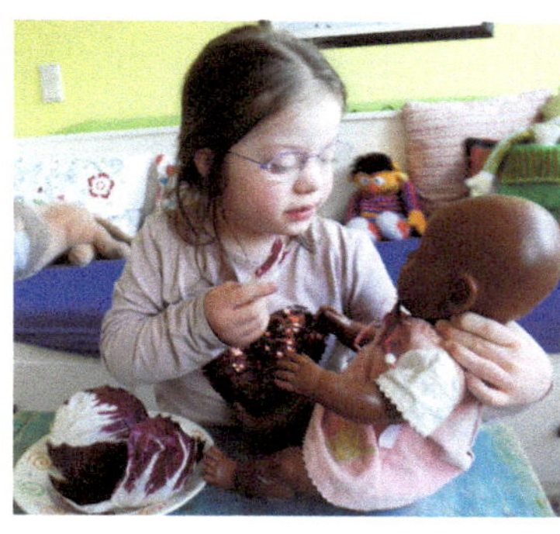

bitter

salzig

Lena, 6 Jahre alt, und Telma schmecken ganz bewusst Schokolade, Zitrone, Rucola und Salzstangen.

Der **Geruchssinn**

Alles was die Kinder essen, riechen sie vorher. Alles was sie zum Putzen benutzen, wird ihnen vor ihre Nase gehalten und gerochen. Kurz und gut, bevor Kinder einen Gegenstand verwenden, lernen sie ihn anzuschauen und zu riechen, damit sie sich nicht schaden.

Ich habe das als Kind begriffen. Ich war vier Jahre alt, als mir die Bäuerin ein gelbes Stück
angeboten hat. Ich sollte es essen. Es sah aus wie der Kuchen, den meine Oma backte.
Es war ein Stück stinkender Käse. Ich habe gewürgt und gespuckt.
Ich fühlte mich krank.
Ich habe zum ersten Mal vorsichtig Käse probiert, als ich 27 Jahre alt war.

Im Unterricht lernen die Kinder verschiedene Küchenkräuter am Geruch zu unterscheiden.
Sie riechen den Thymian, den Salbei, den Lavendel, den Rosmarin,
den Basilikum und die Zitronenmelisse.

Robin, 3 Jahre alt, riecht und schmeckt die Küchenkräuter.

Die Kinder lernen im Frühjahr den Duft der Maiglöckchen, der Tulpen, Narzissen und der Hyazinthen kennen.

Im Sommer vergleichen sie den Duft der unterschiedlichen Rosen.

Sie stellen fest, dass die Wildrosen und die Gartenrosen ganz unterschiedlich duften, und dass die Rosen aus dem Laden schön aussehen aber nicht duften.

Henri und Mona riechen den Duft der Rosen und fühlen die zarten Blätter.

Der **Tastsinn**

Die Kinder spielen mit Gegenständen unterschiedlicher taktiler Qualitäten. Sie spielen z.B. mit der Geschirrbürste, mit dem Topfschrubber, mit dem Schwamm, mit dem Stoffball, dem stacheligen Plastikball.

Robin entdeckt, wie unterschiedlich sich die Bälle anfühlen.
Es ist notwendig, dass die Kinder den taktilen Sinn mit den anderen Sinnen synchronisieren.
Wenn Philipp malt, schaut er nicht auf seinen Stift in der Hand, er begleitet seine Handbewegungen nicht mit seinen Augen.
Er schaut irgendwohin.
Er ist nicht bei der Sache.
Das wird gefährlich, wenn er ein Messer nimmt und damit schneiden will oder mit der Hand in die brennende Kerze greift.

Manche Kinder müssen die Entwicklung der Sinne gemeinsam mit den Erwachsenen lernen.
(Aleksandr V. Zaporožec, Vladimir P. Zinčenko „Wahrnehmung als Handlung“ in: Thomas Kussmann „Bewußtsein und Handlung“, S. 100–123, Bern 1971).

Ich habe die Taubblindenschule Sagorsk besucht. Ich beobachte, dass die Kinder Hand in Hand im Takt nach einer Trommel gehen.
Die Erzieherin erklärt mir: „Auf diese Weise soll das Gehör stimuliert werden. Wir gehen davon aus, dass die Kinder die Vibration an den Füßen und am ganzen Körper wahrnehmen. Die Vibration stimuliert die Reste des Gehörsinns. Bei jedem Trommelschlag wird gleichzeitig von einem Erzieher ein Lichtreiz mit einer Taschenlampe in die Augen geschickt. Auf diese Weise sollen die Sehreste stimuliert und aktiviert werden.

Wir können nie wissen, was die Kinder noch sehen oder hören. Wir müssen alles tun, damit sie auch ihren Sehsinn und Hörsinn aktivieren, obwohl sie als blind und taub gelten, sonst verkümmern die angeborenen Fähigkeiten."

Alle Kinder bilden ihre fünf Sinne aus, wenn sie während ihrer Tätigkeit mit anderen Menschen bewusst schmecken, riechen, fühlen, sehen und hören.

Nur so entwickeln sich bei ihnen die höheren psychischen Funktionen wie **Empfinden**, **Wahrnehmen, Erinnern** und **Denken**.

„Wildbeuter hatten nicht nur ein besseres Verständnis ihrer belebten und unbelebten Umwelt, sondern auch ihrer eigenen Innenwelt, ihres Körpers und ihrer Sinne.
Sie hörten das leiseste Geräusch im Gras, weil es sich um eine Schlange handeln könnte.
Mit scharfem Blick beobachteten sie das Laub von Bäumen, um Früchte, Bienenstöcke oder Vogelnester zu erspähen.
Sie bewegten sich mit einem Minimum an Krafteinsatz und Lärm und verstanden es, geschickt und effizient zu sitzen, zu gehen und zu laufen.
Durch den vielfältigen Einsatz ihres Körpers waren sie fit wie ein Marathonläufer.
Sie hatten eine körperliche Flexibilität, wie wir sie heute nur erreichen, wenn wir jahrelang Yoga oder Thai-Chi praktizieren."
(Yuval Noah Harari: „Eine kurze Geschichte der Menschheit" , S. 69, München 2015).

Kinder, die auf ihr Tablet starren, sind nicht in der Welt. Sie verlieren den Reichtum ihrer Umwelt.
Sie sind nicht im Raum, der sie umgibt und sie sind verloren in der Zeit.
Während das Kind einsam mit seinem Daumen über das Tablet wischt, kann das Gehirn nur eingeschränkt die Neuronen im Frontalhirn vernetzen.
(Manfred Spitzer: „Digitale Demenz. Wie wir uns und unsere Kinder um den Verstand bringen", München 2012).

Das Erlernen **qualitativer Eigenschaften** der **Form** und **Farbe** mit Hilfe von geometrischen Figuren

Der vierjährige Pablo sortiert geometrische Figuren nach Farbe und Form.

Das Erlernen der **Vergleichseigenschaften** mit Hilfe der **Seriation**

Jede Zahl hat auf dem Zahlenstrahl nur einen einzigen Platz.
Die Kleinkinder lernen die Seriation spielerisch, wenn sie eine Pyramide bauen, den Regenbogen anmalen, die russischen Matroschka oder die quadratischen Würfel nach Größe ineinanderstecken.

Der zweijährige Anton baut eine Treppe.

Anais, 3 Jahre alt, baut eine Stadt.

Betty steigt die Treppe hoch. Plötzlich kann sie nicht weiter. Eine Stufe fehlt. Karl repariert die Treppe. Nun kann Betty weitergehen.

Der Zahlenstrahl ist eine Reihung wie z.B. eine Einerreihe von 1 - 9. Dazwischen darf kein Zehner sein. Dies lernen die Kinder, wenn sie in einer Reihe einen Gegenstand suchen, der aus der Reihe herausfällt.

Seriation

Kreuze an:

Was ist keine Kastanie?

Was ist kein Apfel?

Was sind keine Kartoffeln?

Was ist keine Nuss?

Kreuze an:

Welche Vögel sitzen außen?

Welche Vögel gucken sich an?

Welcher Vogel ist kleiner? Welcher guckt nach rechts?

Seriation

Male die Muster weiter mit den richtigen Farben.

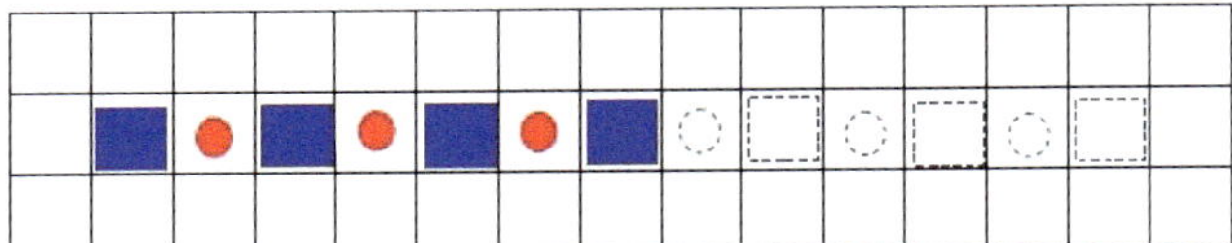

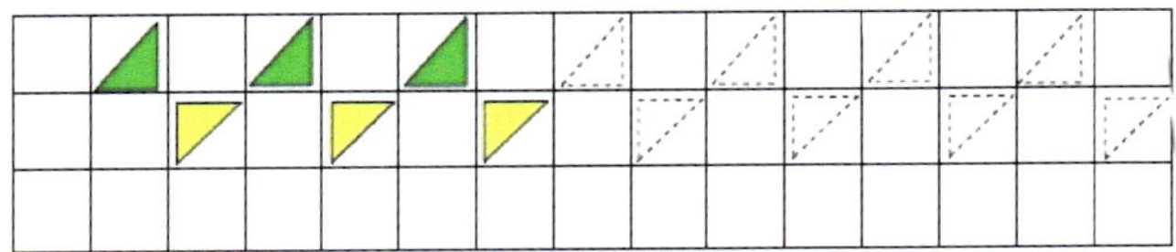

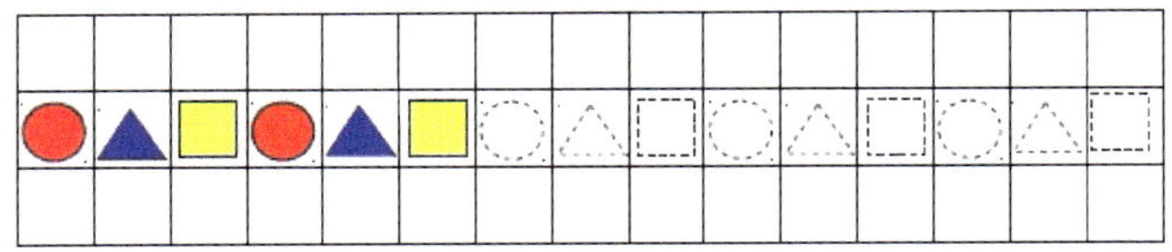

Moritz hat das Down-Syndrom. Er ist sechs Jahre alt.
In der Schule rechnet er im Sinne der Mengenlehre mit den logischen Blöcken.
In unserer Praxis vergleicht er **drei Größen** Schokolade:
Die eine ist „groß," die andere ist „klein" und dann gibt es noch eine „mittelgroße" Tafel Schokolade.
„Ist die nun „klein" oder ist die „groß?" Der Kollege legt die „große" neben die „mittelgroße."
Moritz sagt: „Diese ist groß und diese ist klein."
Dann legt der Kollege die „mittelgroße" neben die „kleine."
Moritz zögert: „Diese ist „klein" und diese ist auch „klein".
Der Kollege sagt:
„Nein, diese ist doch nun die Große."
Moritz erinnert sich: Er legt die „große" neben die „mittelgroße" und sagt:
„Du hast gesagt, dass diese groß ist und die beiden sind klein".
Es ist ein sechsjähriger Junge mit Down-Syndrom, der die Entdeckung macht, dass „Größe" keine qualitative Eigenschaft ist, sondern eine Vergleichseigenschaft.
Die Frage: „Ist ein Ding groß oder klein?" ist zutiefst unlogisch.
Es gibt nur größer oder kleiner.

Die Kleinkinder erlernen zum Beispiel die Vergleichseigenschaften spielerisch:

Raum:
größer – kleiner – gleich groß
Die Kinder vergleichen die drei Tafeln Schokolade miteinander.

näher – weiter – gleich weit
Die Kinder werfen Bälle und vergleichen, welcher Ball am weitesten von der Abwurflinie entfernt ist.

Zeit:
früher – später – gleichzeitig
Die Kinder lernen sich die Zeit bewusst zu machen.
Sie essen gleichzeitig. Sie bauen einen Turm. Ein Kind ist früher fertig. Ein anderes Kind ist später fertig.

Mechanik:
leichter – schwerer – gleich schwer
Die Kinder spielen Kegeln mit unterschiedlich schweren Kugeln aus Metall, aus Holz oder aus Plastik.

Siehe: Iris Mann (Christel Manske): Schlechte Schüler gibt es nicht. Initiativen für die Grundschule, S.130-140, 6. Auflage. Weinheim 1994.

Die **Division**

Nach meiner Erfahrung lernen die Kinder das Verteilen von allen vier Rechenarten am leichtesten.
Sie erkennen den Sinn des Verteilens.
Ich habe kein Kind erlebt, das das Verteilen als nicht sinnvoll erfährt.
Es macht keinem Kind Mühe zu verteilen.
Einige Kinder verteilen anfangs so, dass sie z.B. für sich die meisten Bonbons behalten möchten.
Doch alle Kinder lernen gemeinsam schnell so zu verteilen, dass **jedes** Kind etwas bekommt und dass alle am Ende zufrieden und glücklich sind.

Wenn sie damit konfrontiert werden, dass vor 4 Puppen ein Teller steht, auf denen für zwei Puppen jeweils ein Apfel liegt, für eine Puppe drei Äpfel und für eine Puppe kein Apfel, sagen sie:
„Die eine Puppe hat nichts." Dann ändern sie das schnell.

Marvin bekommt zur Belohnung vier Täfelchen Schokolade. Er hat heute Verteilen gelernt.
Seine Schwester und seine Mutter holen ihn ab. Ich sage: „Willst du Mona auch etwas abgeben?"
Er gibt Mona ein Täfelchen. Er sagt: „Mir schmeckt Schokolade besser."
Er macht meiner Meinung nach den Sprung auf die Entwicklungsstufe Vorschulkind. Er hört auf sich.
Ich sage: „Dann hast du gut verteilt". Er strahlt.

Die **Multiplikation**

Wenn die Kinder das Verteilen geübt haben, lernen sie die Multiplikation. Sie lernen das Bündeln, indem sie Nüsse in die Säckchen, Tannenzapfen in die Gläser, Bucheckern in Streichholzschachteln verteilen.

Auf dem Tisch liegt ein Strauß Narzissen und stehen drei Gläser. Jon, 4 Jahre alt, weiß, dass die Blumen in die Vasen müssen. Sie brauchen Wasser.
Nun beginnt er von sich aus die Blumen eine nach der anderen in die Vasen zu stellen. Dabei spricht er zu meinem Erstaunen, als er eine Blume in die dritte Vase stellt, von selbst: „Noch mal und noch mal." Er benutzt von sich aus das Wort **mal**, das wir für die Multiplikation benutzen. Das hätte ich nie erwartet.

Ich habe Bündel von Karotten und Radieschen mitgebracht. Paul, 7 Jahre alt, löst die Bündel auf.

Auf diese Weise macht er Erfahrungen mit den Begriffen Bündel und Stückzahl.

Nun arbeitet er mit den einzelnen Karotten und Radieschen.

Paul schneidet das Grüne ab und wäscht sie.

Das **Zählen ohne Zahlbegriff im Wahrnehmungsfeld**

Der Mathematikunterricht, der der psychologischen Entwicklungsstufe Kleinkind entspricht, endet mit dem Zählen ohne Zahlbegriff. Sie zählen die Anzahl der Plätze der Spielgeräte auf dem Spielplatz, sie zählen die Treppenstufen. Sie zählen die Autos, die sie hintereinander auf dem Parkhaus geparkt haben.

Foto: Katja Rohland

Die Kinder haben auf dem Spielplatz die Erfahrung gemacht, dass jedes Spielgerät nur für eine bestimmte Anzahl von Kindern reicht.
Im Unterricht spielen sie die Erfahrungen mit Puppen nach.

Damit haben sich die Kinder nun im Wesentlichen die Kultur unserer Urahnen angeeignet.
Sie haben gelernt, im Wahrnehmungsfeld ihre Sinne zu schärfen, nach Lösungen zu suchen, unterschiedliche Werkzeuge zu benutzen.
Sie haben gelernt, mit Hilfe der Reversion, Werkzeuggebrauch, Klassifikation, Verteilen, Bündeln und Seriation sinnvoll zu handeln.
Sie haben gelernt, bis zehn zu zählen ohne ein Bewusstsein davon zu haben, was eine Zahl ist.

Es ist notwendig, da es den Kindern in dieser Zeit leicht fällt alles nachzuplappern und sich zu merken.
Nun haben sie die notwendigen Voraussetzungen, um ein neues Zeitalter zu begreifen.

2 a) Die **Kultur des Symbolgebrauchs der Tauschgesellschaft**

Wenn Oma Grete über ihre Nachbarin, die auch wie sie Bäuerin war, sprach, erzählte sie:
„Hilde konnte nicht sagen, wie viel Kühe sie hatte. Sie ging dann mit mir in ihren Stall und nannte die Kühe mit Namen: Lotte, Hanne, Rosa, Frieda usw. Wenn sie mit mir in den Schweinestall ging, dann sagte sie: Hier sind so viele. Hier sind so viele und bei den Ferkeln
sind so viele." Hilde konnte nicht zählen und sie konnte nie wissen, ob ein Schwein verschwunden war oder nicht.
Von den Kühen hatte sie ein inneres Bild, weil die einen Namen hatten.
Hildes Dominante war, sinnvolle Handlungen im Wahrnehmungsfeld zu organisieren.
In der Mitte des 19. Jahrhunderts war es in Preußen nicht selbstverständlich, dass Mädchen in der Schule lernten. Sie wurden auf dem Hof und bei der Feldarbeit gebraucht.

Um die Geschichte der Mathematik zu verstehen, müssen wir mit den **Token** der Sumerer beginnen.
Die Symbolik ist das geistige Werkzeug des mathematischen Denkens in der Tauschgesellschaft.
Die **Symbolik** ist das **geistige Werkzeug** der Sumerer.
Die Sumerer wurden 8.000 Jahre v. Chr. sesshaft.
Sie eigneten sich Land an. Sie entwickelten kleine Dorfgemeinschaften.

Sie tauschten ihr Hab und Gut untereinander, ohne den quantitativen Wert festzumachen.
Sie kannten keine Zahlen. Sie konnten wie Hilde ihren Besitzstand nicht zählen.

Um eine Kontrolle über ihren Besitz zu haben, formten sie kleine Tonkugeln.
Sie nannten diese Tonkugeln „Token“.

Das Tokensystem hat Jahrtausende überlebt.

In der Tauschgesellschaft regelten die Token den Warenverkehr.

Sie waren das geistige Werkzeug, mit dem die Sumerer unabhängig von den realen Gegenständen
tauschen konnten.

Die Token symbolisierten z.B. Pferde oder Schafe. Sie konnten gegen nichts Anderes eingetauscht werden.

In der Geschichte der Mathematik nimmt die Symbolik den längsten Zeitraum ein.

Damit die Kinder die **Geschichte der Sumerer** kennen lernen, spielen sie sie.

Frau Greulich, eine Praktikantin, hat ein Bilderbuch angefertigt, das eine Geschichte aus der Zeit der Sumerer erzählt: „Der Herr und seine Pferde".
Diese Geschichte habe ich im Buch „Jenseits von Pisa. Lernen als Entdeckungsreise" veröffentlicht.
Die vier Abbildungen sind ein Ausschnitt.
Dominik spielt diese Geschichte mit den Miniaturen nach.

Der Herr und sein Knecht Anton kaufen Pferde.

Der Herr sagt:
„Ich mache für jedes Pferd eine Kugel.“

Nun hat jedes Pferd eine Tonkugel.

Der Herr legt für jedes Pferd
eine Kugel in die Kiste.

Dominik und Frau Greulich

Dominik, 8 Jahre alt, hat das Down-Syndrom. Er wiederholt die Entdeckung, die die Sumerer vor 10.000 Jahren gemacht haben.

Er hat die Anzahl seiner Pferde mit Hilfe von Token-Tonkügelchen, die er selbst geformt hat, symbolisiert.

Frau Greulich schickt den Besitzer der Pferde mit seiner Herde auf die Weide. Die Pferde laufen durch ein Gatter. Sie legt für jedes Pferd ein Tonkügelchen, ein Token in das Tongefäß.

Wenn Dominik, der Hirte, zurück kommt, ordnete er eins-zu-eins jedem Pferd ein Kügelchen zu.

Hat er ein Kügelchen zu viel, war ein Pferd verloren gegangen.

Hatte er ein Kügelchen zu wenig, war ein Fohlen geboren worden.

Im Spiel leidet er, wenn er feststellt, dass ihm als Hirte ein Pferd verloren gegangen ist und er mit „weniger“ Pferden zurückkommt. Er strahlt, wenn er mit einem Pferd „mehr“ nach Hause kommt.

Er ist zufrieden, wenn die Menge an Pferden „gleich“ geblieben ist.

Wenn Vorschulkinder spielen, tauchen sie in ihre Spielwelt ein.

Diese ist ihre emotionale und kognitive Wirklichkeit.

Er macht die Erfahrung, dass er mit Hilfe der **EinszuEins - Korrespondenz** feststellen kann, ob er ein Kugel-Token **mehr** hat, ein Kugel-Token zu **wenig** oder ob er so viel Kugel-Token wie Pferde hat. Das bedeutet **gleich**.
Dabei entdeckt er die Bedeutung der Zeichen <, >, =.

Nachdem er die Geschichte verstanden hat, spielt er seine eigenen Geschichten.

Er spielt, dass ein Pferd abhaut. Er spielt dann, dass er mit einem Pferd abhaut.
Er spielt, dass es seine Pferde sind. Er spielt, dass sich ein Pferd verletzt.
Er spielt, dass er die Pferde füttert.

Mit Hilfe der Miniaturen ist es ihm möglich seine eigenen inneren Träume zu äußern.
Er entdeckt seine innere Welt, indem er sie im Spiel zu versprachlichen lernt.

2 b) Das **Vorschulkind**

Der Gebrauch von **Symbolen** und das **Erinnern**

Die Kinder lernen die Mengen von eins bis fünf zu symbolisieren. Das Symbolisieren ist notwendig, damit die Kinder lernen, sich die Mengen vorzustellen. Nur so lernen sie beim Lösen von Rechenaufgaben das **Wahrnehmungsfeld** zu **verlassen.**

Im Wahrnehmungsfeld ist es ihnen als Vorschulkinder nur möglich, Gegenstände einerweise zu zählen. Die Kinder sehen, wie Aleksej N. Leontjev schreibt, immer nur die Eins. Sie sehen die jeweilige Menge nicht.

„Wie eine eingehende Analyse zeigte, waren diese Schüler nicht beim Addieren über das Stadium des einerweise Zählens hinausgekommen. Deshalb vermochten sie schon innerhalb des ersten Zehners einige Rechenoperationen nicht ohne äußere Hilfe zu vollziehen. Diese Kinder im mündlichen Rechnen weiterzuführen, wäre zwecklos gewesen. Im Gegenteil: Man musste mit ihnen auf die Etappe der entfalteten äußeren Handlungen mit Gegenständen zurückkehren, diese Operationen allmählich richtig „zusammendrängen“ und erst dann auf der sprachlichen Ebene weiterarbeiten. Auf diese Weise wäre mit ihnen die Fähigkeit, gedanklich zu rechnen, neu aufzubauen gewesen. Eine solche Umgestaltung gelingt sogar bei Kindern, die geistig sehr stark zurückgeblieben sind. In leichteren Fällen lässt sich das Zurückbleiben völlig überwinden. (Aleksej N. Leontj‘ev in Thomas Kussmann: „Bewußtsein und Handlung“, S. 129, Bern 1971).

Ich habe mir die Frage gestellt, wie können wir den Kindern ermöglichen, ein inneres Bild von den Mengen eins bis fünf im Kopf zu konstruieren. Die Handlung mit den Gegenständen reicht nicht. **Die Handlung ist flüchtig.** Sie können sie nicht reflektieren. Ich habe für die jeweilige Menge ein Symbol gewählt, das in unserer Kultur die Menge bildhaft darstellt.

Für die 1 den Ball. Für die 2 die Brille. Für die 3 die Verkehrsampel. Für die 4 die Augen auf den Flügeln eines Schmetterlings. Für die 5 die Hand mit den Fingern.

    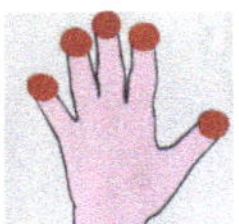 

Wir haben dann diese Symbole auf einen Würfel projiziert.
Später erkannten die Kinder die Symbole auf jedem Würfel wieder.
Sie lernen auf diese Weise, sich die jeweilige Menge eins bis fünf in ihrem Kopf vorzustellen.
Die Symbole sind für die Kinder die Voraussetzung, das Wahrnehmungsfeld zu verlassen.

Die Kinder bekommen nun die Aufgabe, die Mengen als Symbole in einen aufgemalten Kopf zu zeichnen. Das fällt ihnen erstaunlich leicht.

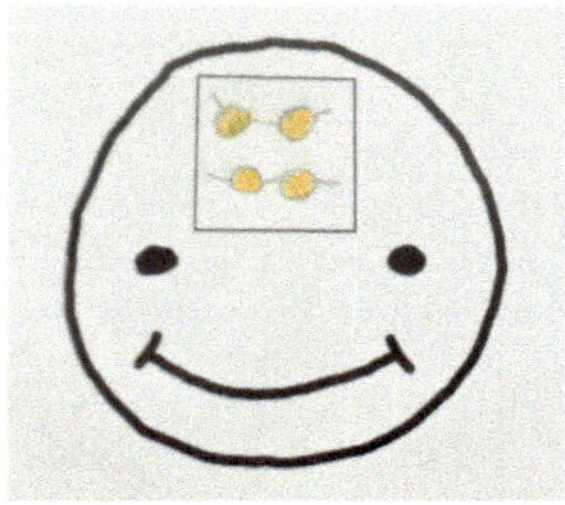

Ich sage zu Maria:

„Denk an Mamas Brille und deine Brille"

Dann schließt sie die Augen

und malt sie.

Für Lena, die die Ontogenetischen Mathekarten kennt, ist es überhaupt kein Problem die Symbole für die Menge drei, vier und fünf in den Kopf zu malen.

Ampel

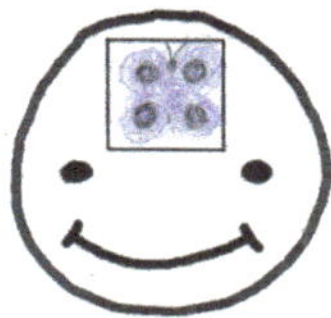

Schmetterling

Hand

Die **Subtraktion**

Die Kinder lernen die Subtraktion als **Weg – Tun.**

Die Kinder lernen das Minuszeichen mit einer sinnvollen Handlung zu verbinden.

Nur so verstehen sie die Bedeutung des Zeichens.

Ich beobachte, wie Lasse ein Rad von einem Trecker abschraubt.

Ich sage: „Jetzt hast du das Rad weggemacht.“ Er strahlt. „Ich habe das Rad weggemacht.

Der Trecker ist kaputt. Der Trecker fährt nicht.“

Lena liebt es den Puppen die Arme und Beine auszureißen. Sie sagt: „Das Bein ist ab. Aua.“

Das Weg - Tun wird fotografiert und als Aufgabe widergespiegelt. Die Kinder sprechen:

„Der Trecker hat vier Räder. Ich nehme ein Rad weg. Er hat nur noch drei Räder. Er kann nicht mehr fahren.
Die Puppe hat zwei Beine. Ich nehme ein Bein weg. Sie hat nur noch ein Bein. Sie kann nicht mehr laufen."

Die Kinder lernen das Weg - Tun auf unterschiedliche Weise, wenn sie Unkraut jäten, wenn sie Flecken beseitigen, wenn sie Müll entsorgen, wenn sie Gegenstände verstecken.

Tiefenpsychologen sind der Meinung, dass es für die Entwicklung der Kinder notwendig ist, dass sie die Möglichkeit bekommen, Gegenstände auseinanderzunehmen und zusammenzufügen.

Die **Addition**

Die Kinder lernen die Addition als **Und + Tun.**

Lasse repariert den Trecker. Er schraubt das vierte Rad wieder an. Der Trecker kann wieder fahren.
Lena operiert die Puppe. Das Bein ist wieder dran. Die Puppe kann laufen.

Die Kinder lernen das Und +Tun auf unterschiedliche Weise. Sie kochen Nudeln, sie backen Pfannkuchen, sie ziehen eine Halskette auf, sie bauen Türme.

Die **EinszuEins - Korrespondenz**

Das Vergleichen von **Dingen, Lebewesen, Strecken, Flächen und Volumen**

Mit der Entwicklung der Token entdeckten die Sumerer die EinszuEins - Korrespondenz.
Sie verglichen die Menge der Tiere eins zu eins mit der Menge der Tonkugeln. Sie entdeckten auf diese Weise die Begriffe „mehr“, „weniger“, „gleich“.

Die Kinder lernen im Unterricht das Vergleichen mit Hilfe der EinszuEins - Korrespondenz.
Sie entdecken nun auf ihre Weise die Zeichen für gleichgroß = , für größer > , für kleiner <.
Sie lernen mit Hilfe des Krokodils das Zeichen für > zu schreiben.
Das Krokodil will immer die größere Menge.

In der Periode, in der das Rechnen noch ohne Zahlen stattfindet, müssen die Vorschulkinder lernen zu messen. Um das **Messen** einzuführen, lernen sie zu **vergleichen.**

Wenn die Kinder die Kategorien mehr, weniger und gleich begriffen haben, sind sie in der Lage die verschiedenen **Mengen** miteinander zu vergleichen. Timo spielt gern mit Autos und Motorrädern. Auf seinem Arbeitsblatt sind Autos und Motorräder abgebildet. Er löst die Aufgabe mit Hilfe einer Hilfsmenge von roten und blauen Plättchen, die die Mengen bezeichnen. Er vergleicht die Stückzahl. Es gibt mehr Motorräder.

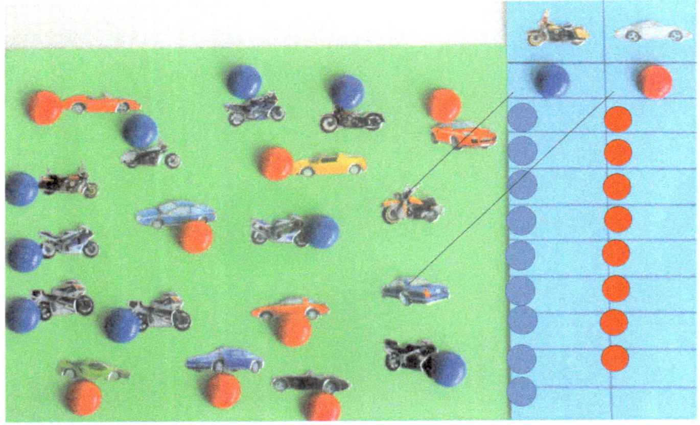

Das Vergleichen von **Strecken**

Mit Hilfe der EinszuEins - Korrespondenz können die Kinder nun die Länge der Strecken vergleichen. Für jede Teilstrecke, die gleich lang sind, zeichnen sie einen Strich oder markieren sie mit einem Mark, die sie dann vergleichen.

Welcher Weg ist länger? Der linke oder der rechte?

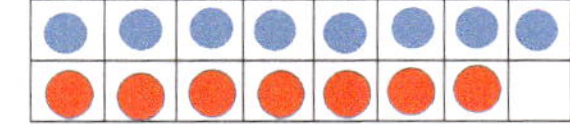

Die Kinder beantworten die Frage: „Welcher Weg ist länger, der gelbe oder der rote?“

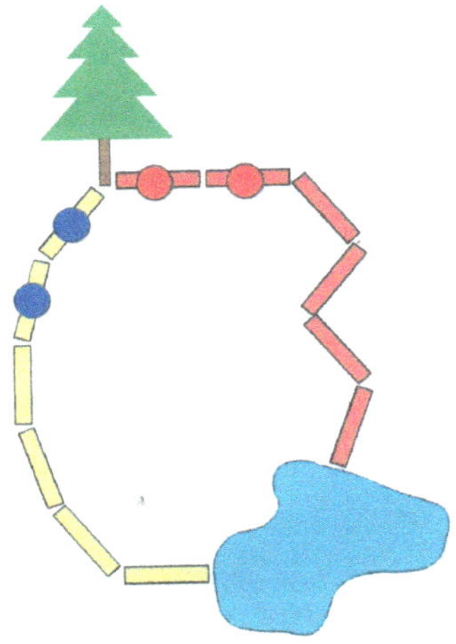

Wenn die Kinder gelernt haben Strecken zu vergleichen, lernen sie Flächen zu vergleichen.

Das Vergleichen von **Flächen**

Der Bauer hat zwei Wiesen. Die Kühe sollen auf die größere Wiese.

Paul löst die Aufgabe mit Hilfe der EinszuEins - Korrespondenz.

Das Vergleichen von **Volumen**

Weißhörnchen fragt:

„Wer hat mehr Knete. Die Schlange oder der Ball?“ Rothörnchen sagt:

„Die Schlange. Das sehe ich mit einem Blick.“

Dann macht Lehrer Weißhörnchen aus der Knete zwei Rollen. Er legt ein Maß an. Die Schüler staunen. Dabei lernen sie in den Widerstand zur Wahrnehmung zu gehen. Um zu vergleichen, müssen sie die Körper umformen. „Die beiden Rollen aus Knete sind ja gleich.“ So lernen sie die Invarianz.

Pablo, 6 Jahre alt, vergleicht das Volumen von Orangensaft, der in zwei unterschiedliche Gläser gegossen worden ist. Die Wahrnehmung täuscht ihn. Zuerst denkt er, dass im hohen schmalen Glas mehr Saft ist. Dann misst er die Flüssigkeit, indem er den Saft aus beiden Gläsern jeweils in zwei gleiche Gläser mit Hilfe eines kleinen Gläschens, sein Maß, umfüllt. Er markiert jedes kleine Gläschen mit einem orangen Rechteck. Dann vergleicht er die Menge der aufgeklebten Rechtecke in die gemalten Gläser und stellt fest, dass in jedem aufgemalten Glas „zwei kleine Gläschen“ sind.

Die Anzahl der symbolisierten kleinen Becher sind das Maß, das ihm hilft in den Widerstand zur Wahrnehmung zu gehen und sich an seine Handlung zu erinnern.

Er hat gelernt, das Wahrnehmungsfeld zu verlassen. Er ist in der Lage die **Invarianz** zu erkennen.
Er lässt sich nicht von der Wahrnehmung täuschen. Er erinnert sich, dass er in jedes Glas zwei gleich große Gläschen Orangensaft gekippt hat.

Wenn das Vorschulkind erinnert, dann denkt es.

Das Vergleichen von **Mimik**

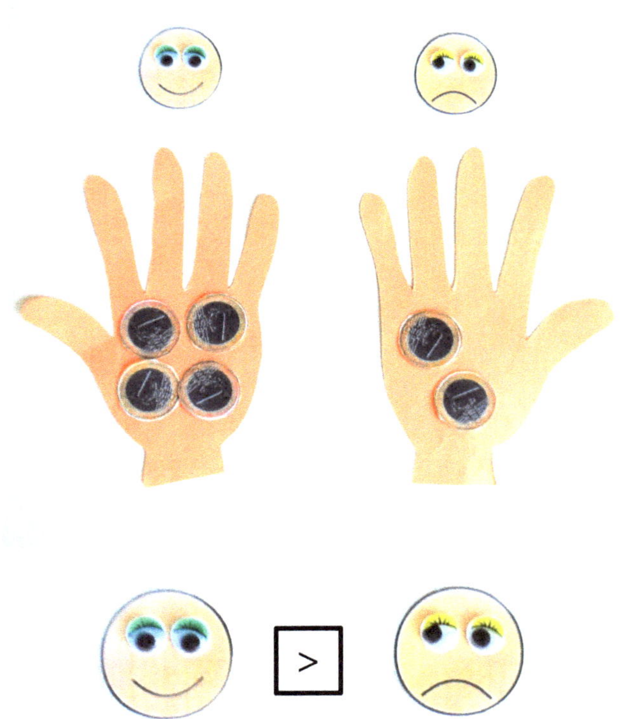

Wenn die Kinder vergleichen, orientieren sie sich an der **symbolisierten Mimik.**

Sie sehen, dass der Eine traurig ist. Paul zeigt auf das rechte Gesicht: „Der will auch mehr.“

Das **Tauschen**

Die Kinder lernen sich ihre inneren Wünsche mit Hilfe des Tauschens zu erfüllen.

Ich vermisse den neuen bunten Bus.

Jons Mutter sagt:

„Jon hat den Bus doch bei
Ihnen gegen zwei
blaue Autos getauscht.“
„Ich weiß von nichts.“
Jon 5 Jahre erklärt:
„Ganz alleine gemacht.“

Mehr geht nicht. Jon kann Mathe!
Jetzt spielt er mit den blauen Autos. Der Bus ist zu Hause.

Auf der psychologischen Entwicklungsstufe Vorschulkind kommen die **inneren Bedürfnisse** den Kindern ins Bewusstsein. Sie interessieren sich noch nicht für den quantitativen Wert ihrer Waren. Marvin tauscht sein Auto gegen eine Banane.

Die Kinder lernen zunehmend, dass sie beim Tauschen **Regeln** beachten müssen. Sie leiten ihr Handeln an.
Für eine Walnuss gibt es zwei Erdnüsse oder vier Haselnüsse.

Die **Bedeutung der Märchen für den Mathematikunterricht**

Bettelheim schreibt: „Kinder brauchen Märchen."
Die Symbolik der Märchen ermöglicht den Kindern einen emotionalen und rationalen Zugang zur Welt,
indem sie die Welt im Sinne qualitativer Werte **ordnen** z.B.
in das Gute und Böse, in das Schöne und Hässliche, in Arm und Reich.

Das Märchen „Hans im Glück" entspricht in gewissem Sinne dem mathematischen Denken der Tauschgesellschaft sowie der psychologischen

Entwicklungsstufe der Vorschulkinder.

Vorschulkinder sehen wie Hans im Glück nicht den quantitativen Wert der Dinge.

Sie folgen ihren inneren Bedürfnissen.

Hans im Glück kann wie die Sumerer nicht zählen. Er tauscht.

Er tauscht nicht, um sich zu bereichern. Er tauscht, um augenblicklich glücklich zu sein.

Er sieht das Pferd und er erfüllt sich seinen Wunsch, indem er seinen Goldklumpen hergibt.

Er sieht die Kuh und erfüllt sich seinen Wunsch, indem er das Pferd hergibt.

Er sieht das Schwein und erfüllt sich seinen Wunsch, indem er die Kuh hergibt.

Er sieht die Gans und erfüllt sich seinen Wunsch, indem er das Schwein hergibt.

Er sieht die Schleifsteine und erfüllt sich seinen Wunsch, indem er die Gans hergibt.

Er verliert die Steine. Jetzt ist er glücklich, dass er so schnell wie möglich seiner Mutter entgegen laufen kann, um sie mit leeren Händen zu umarmen.

Das ist das Einzige was **zählt.**

Hans war fleißig.
Der Meister sagt:
„Hans du warst so fleißig.
Ich bezahle dich.
Du bekommst
diesen Klumpen Gold.“

Der Klumpen ist so schwer.
Hans tauscht
das Gold
gegen ein Pferd.
Er freut sich.
Er will reiten.
Das Pferd wirft ihn ab.

Dann kommt ihm
ein Bauer entgegen.
Der Bauer hat eine Kuh.
Hans denkt:
„Ich habe Durst.
Ich melke die Kuh.
Die Kuh gibt mir frische Milch“.
Sie tauschen.

Die Kuh gibt ihm einen Tritt.
Hans fällt hin.
Das Schwein grunzt.
Hans streichelt das Schwein.
Der Bauer sagt:
„Wenn du mir die Kuh gibst,
dann tausche ich das Schwein.“

Das Schwein bleibt stehen.
Es will nicht mit.
Da kommt ein Bauer mit seiner Gans.
Hans sagt:
„Ich möchte die Gans haben.
Sie hat weiße Federn.
Daraus mache ich mir ein Kissen.“
Sie tauschen.

Die Gans will ihn beißen.
Der Scherenschleifer singt:
„Ich schleife deine Messer.
Dann schneiden sie viel besser.“

Hans sagt:
„Ich bin der Hans.
Willst du meine Gans?“
Sie tauschen.

Hans hat nun den Schleifstein
und die Schere.

Er ist müde vom
Laufen und Tragen.
Er setzt sich
auf einen Brunnenrand.
Die Schere und der Schleifstein
fallen hinein.
Nun läuft er schnell nach Hause.

Endlich sieht er seine Mutter.
„Mama, Mama“,
ruft er so laut er kann.
Mama nimmt ihn
in die Arme.
Hans und seine Mama
sind glücklich.

Ludmilla F. Obuchova schreibt:

„Wie wichtig das sinnvolle Tauschen ist, erkennen die Kinder, wenn sie z.B. aufgefordert werden Häuser zu konstruieren. Diese Aufgabe kann wie folgt organisiert werden: „Lasst uns Häuser von verschiedenen Farben bauen. Jedes Kind bekommt entweder Türen, Dächer, Wände oder Fenster aus Pappe. Die einzelnen Bauelemente (Wände, Dach, Tür, Fenster) jeweils in unterschiedlichen Farben. Nun hat ein Kind alle Wände für ein Haus. Ein anderes hat alle Dächer.
So werden sie dazu übergehen für ihr Haus z.B. Dächer gegen Wände zu tauschen.

Sie müssen es wie folgt machen:
Jedes Kind hat eine Vorlage, auf der die für ein Haus notwendigen Basiselemente abgebildet sind. Jedes Kind muss auf der Vorlage markieren, wie viele Dächer und wie viele Wände es hat. Es stellt fest, dass es weitere Elemente übrig hat und andere fehlen. Dann kann das Kind zum anderen Kind gehen und das eintauschen, was für das eigene Haus fehlt. So entwickeln die Kinder während des Mathematikunterrichts in der Vorschule notwendige Ideen, um Probleme im Wahrnehmungsfeld zu lösen.
Bereits im Vorschulalter können die Kinder Schemata bilden wie z.B. EinszuEins - Korrespondenz, Schemata von Ungleichheit und Gleichheit und Schemata von Addition und Subtraktion. Die Handlung und die Objekte mit Hilfe von Marks, Strichen oder Plättchen zu schematisieren ist die bedeutendste Bedingung, um das mathematische Denken zu entwickeln.“

Die **Rolle**

Die Entwicklung des Bewusstseins der eigenen Rolle ist eine Voraussetzung für die Herausbildung des mathematischen Denkens.

Lena, 5 Jahre alt, hat ein Bewusstsein ihrer Rolle als Rapunzel entdeckt, als Opa Achim ihr das Märchen vorgelesen hat. Sie will es immer wieder hören. Sie hat längst begriffen, dass es das Böse gibt. Sie verarbeitet es auf ihre Weise.

Sie sieht traurig aus. Ich frage sie: „Lena hast Du Lust mit mir ein Herbstbild zu kleben und zu malen?“ Sie hält die Hände vor ihre Augen.

Sie sagt: „Ich bin schwach. Ich habe Angst. Ich bin ganz allein.“

Ich frage: „Wo bist du denn?“

„Im Turm.“

„Und wer ist denn da mit dir im Turm?“

„Die böse Hexe.“

„Was macht die böse Hexe?“

„Sie schneidet die Haare ab. Schnipp, schnapp, Haare ab.“

„Sie ist böse.“

„Sie schneidet Rapunzel die Haare ab.“

„Du hast von Rapunzel gehört?“

Lena schweigt. Sie schaut auf den Tisch. Sie bildet mit Zeigefinger und Mittelfinger eine

Schere. Dann fährt sie damit durch ihr Haar.

Sie sagt: „Siehst du mein Haar?“

Ich sage: „Ja. Du hast goldenes Haar. Wie Rapunzel.“

Lena sagt: „Ich **bin** Rapunzel. Schnipp, schnapp, Haare ab. Ich bin traurig.“

Sie legt den rechten Zeigefinger auf ihr rechtes Augenlid. „Ich weine jetzt.“
In den kommenden Wochen spielen wir Rapunzel zuerst mit einer Puppe, die weiße Wollhaare hat. Dann mit einer Puppe, die lange glänzende Plastikhaare hat.
Nach dem Spiel gestalten wir ein Bild.
Endlich habe ich die echte Rapunzel und den echten Prinzen und die echte Hexe
aus Plastik im Internet gefunden.
Wir schauen uns einen Märchenfilm aus der ehemaligen DDR an.
Wir schneiden einige Szenen aus und kleben sie in ihr Arbeitsbuch. Wir spielen die Szenen nach und Lena erzählt zu jedem Bild.
„Das ist der Turm.“
Ich frage:
„Wo ist Rapunzel?“
„Im Turm.“
„Ganz allein?“
„Ja. Sie weint.“
„Wo ist die Hexe?“
„Im Wald.“
„Was macht sie?“
Lena schweigt.

„Wie kommt sie in den Turm?“

Lena sagt: „Rapunzel, lass das Haar herunter.“

Dann klettert die Hexe durch das Turmfenster. Sie schneidet Rapunzel die Haare ab.

Lena sagt: „Du musst im Turm bleiben. Du darfst nicht raus. Sei still.“

In den nächsten Wochen wiederholen wir das Spiel.

Dann kommt der Königssohn ins Spiel. Er sieht Rapunzel. Er zieht sich andere Sachen an.

Lena ruft: „Rapunzel, Rapunzel, lass dein goldenes Haar herunter.“

Ich sage: „Rapunzel ist nicht mehr allein.“

Lena sagt: „Opa ist auch im Turm.“

Der Prinz klettert wieder aus dem Fenster. Opa bleibt im Turm. Die Hexe sieht Opa nicht.

Lena sagt: „Rapunzel hat keine Angst:“

Ich sage: „Der Königssohn ist im Wald. Er hört, wie Rapunzel singt.“

Lena singt: „Der Mond ist aufgegangen.“

Lena sagt: „Rapunzel will in den Wald. Sie läuft weg. Der Prinz findet sie.“

Ich spiele den Königssohn und Lena spielt Rapunzel.

Sie finden sich und reiten auf dem Pferd.

Heute, nach acht Wochen, spielt Lena ein ganz eigenes Spiel.

Rapunzel umarmt den Prinzen. Rapunzel umarmt Opa. Rapunzel umarmt die böse Hexe.

Die Hexe sagt: „Ich bin gar nicht böse. Ich bin immer lieb zu dir.“

Rapunzel sagt: „Du bist gar keine Hexe. Du bist doch lieb.“

Nun feiern Rapunzel, der Prinz, Opa und die Frau Hochzeit.

Rapunzel und der Prinz leben nun im Wald.
Heute hospitieren zwei Psychologinnen. Sie sehen, dass ein fünfjähriges Kind mit Down-Syndrom eine Stunde mit mir das Märchen in regelrechter Sprache kommuniziert und mit Hilfe ihrer eigenen Phantasie ein versöhnliches Ende gestaltet.
Die Psychologin sagt: „Das ist Gänsehaut pur."

Was haben **Märchen** mit **Mathematikunterricht** zu tun?

Wenn die Kinder nicht die Möglichkeit bekommen, während der Trotzphase ihren inneren Bedürfnissen zu folgen, bleiben sie auf der Stufe nur das zu tun, was die Umwelt von ihnen erwartet. Sie lernen nicht in den Widerstand zur Gebärde der Erwachsenen zu gehen. Wenn der Erwachsene traurig ist, sind sie es auch, wenn er böse mit ihnen ist, sind sie es auch, wenn sie Lob bekommen, loben sie sich selbst auch.

Diese Kinder haben nach meiner Erfahrung **Probleme im mathematischen Denken,** weil es ihnen nicht möglich ist zu sich selbst zu sprechen und auf sich selbst zu hören. Das heißt, dass sie auch **nicht selbstbestimmt** nach eigenen Lösungen im Kopf, das ist der innere Ereignisraum, suchen können.
Nur wenn sie bereits eigene bildhafte Vorstellungen, innere Gedächtnisbilder in Form von Symbolen im Kopf haben, dann suchen sie die Lösungen nicht in der Umwelt, sondern in sich selbst.
Die symbolischen Aktionen leiten das Handeln der Kinder auf der

psychologischen Entwicklungsstufe „Vorschulalter“ an.
Die Kinder **konstruieren Tagträume**, die Schutzmechanismen in der rauen, grauen Wirklichkeit der Kinder mit Down-Syndrom sind.
Im Rollenspiel lernen die Kinder gemeinsam geteilt mit den Erwachsenen und den anderen Kindern in den **Widerstand zur äußeren Welt** zu gehen.
Die Mädchen spielen Lehrerin, Ärztin, Tierpflegerin, Prinzessin.
Die Jungen spielen Polizist, Pilot, Räuber, Boss, Schaffner.
Wir bieten den Kindern die gleichen Requisiten an.
Doch die Kinder reagieren in der Regel so, wie es von einem Jungen bzw. von einem Mädchen erwartet wird.
Die Jungen greifen zum Schwert, zur Schaffnermütze, zur Polizeikelle.
Die Mädchen greifen zur Krone, zum Stethoskop, zur Brille.

Das **Zählen ohne Zahlbegriff** als das **Vorstellen von Symbolen** im Kopf

Die inneren Ereignisräume sind der Wohnsitz, wo sich später eigene Ideen, eigenes Denken, das sind innere geistigen Handlungen, einnisten. Dort nehmen Begriffe, die nicht aus der Erfahrung stammen, Platz.

Kinder auf der psychologischen Entwicklungsstufe Vorschulkind spielen Kaufmannsladen.
Sie sind gern Verkäufer.
Im **Rollenspiel** kauft Tobias vier kleine Schokoladentäfelchen.
In seinem Portemonnaie hat er einen 5 Euro Schein Spielgeld.

Wir fotografieren den Einkauf. Er bekommt vier Tafeln Schokolade von mir und einen Euro zurück.

Danach versuche ich den Einkauf zu symbolisieren. Ich fertige ein Bild an:

Ich sage zu ihm: „Was hast du gemacht?“

Ich erwarte, dass er sagt: „Ich habe Schokolade gekauft. Ich habe einen Euro behalten.“

Er schaut auf das Bild. Die Wahrnehmung des Bildes **verhindert** die Erinnerung der Handlung.

Er sagt nur, was er sieht: „Schokolade, Euro.“

Inzwischen habe ich das ausgedruckte Foto von dem gespielten Einkauf.

Die Handlung ist auf dem Foto kaum zu erkennen.

Zu meinem Erstaunen strahlt er: „Das bin ich. Ich habe die Schokolade gekauft. Ich habe auch noch einen Euro gekriegt.“

Ich frage: „Weißt du wie viele Euro du im Portemonnaie hattest?

Tobias **erinnert** sich. „Einen Schein.“

Nur das Foto hilft ihm, sich an die Handlung zu erinnern. Daher sollte der Mathematikunterricht für Vorschulkinder so gestaltet werden, dass die Kinder

handeln und sich mit Hilfe von Fotos an ihre Handlungen erinnern.
Mein Versuch die Tauschhandlung bildhaft als Gleichung zu symbolisieren bleibt abstrakt, weil sie von seiner Handlung, die tatsächlich stattgefunden hat, absieht.

Der Mathematikunterricht beginnt also mit der Entwicklung bewusster **sinnvoller Handlungen** im **Rollenspiel**. Die Kinder erinnern sich an die Handlungen mit Hilfe der **Fotos.**

Nur so lernen sie die Handlungen als Vorstellung im Kopf abzubilden und zu erinnern.
Sie können nicht alle Sinneseinflüsse als endlose Bilder im Gedächtnis behalten. Es ist notwendig, dass sie lernen, das Unwesentliche auszusortieren. Das ist ihnen nur möglich mit Hilfe von **Oberbegriffen**, die sie bereits bei der Klassifikation gelernt haben.
In diesem Fall muss Tobias die Oberbegriffe „Schokolade“, „Euro“, „Schein“ und „Eins“ kennen, um sich an die Handlung erinnern zu können.

Wenn nun die Kinder in der Lage sind das in der Außenwelt Erlebte noch einmal wie einen inneren Film im Kopf Revue passieren zu lassen, dann sind bei ihnen die physiologischen Voraussetzungen vorhanden, wie der Volksmund so schön sagt: „Alles in den Kopf nehmen“ zu können.

Der Anschauungsunterricht ist für die Kleinkinder adäquat, für die Vorschulkinder führt er in die Katastrophe.

Das Vorschulkind muss lernen in den Widerstand zur Wahrnehmung zu gehen.

Mathematikunterricht für Vorschulkinder bedeutet also nicht
„Macht die Augen auf, um zu zählen", sondern
„Schließt die Augen, um die inneren Abbilder eurer Erfahrungen zu sehen."

Anna ist Psychologin. Sie erzählt mir diese Erfahrung von sich:
„Als ich neun Jahre alt war, lief ich mit meiner Mutter die Straße entlang. Meine Mutter erkundigt sich bei einem vorbeigehenden Mann nach der Adresse. Er meint, wir sollten nur noch 100 Meter weiter gehen. Ich fragte meine Mutter: „Was heißt 100 Meter? Ich kann mir das nicht vorstellen? Wie lange brauchen wir bis dahin?"
Meine Mutter antwortete: „Ich habe mir das früher immer so vorgestellt. Als kleines Mädchen war ich in der Schulmannschaft im Schwimmen. Das Schwimmbad war genau 25 Meter lang. Das hieß für mich, 100 Meter sind immer vier Schwimmbäder."
Das leuchtete mir sofort ein. „Ich wusste auch ungefähr, wie lang ein Schwimmbad ist. Nun konnte ich die Strecke im Kopf in dieser Einheit „Schwimmbad" messen. Das gab mir Sicherheit das Orientierungsproblem zu lösen."

Mengen sind Oberbegriffe. Sie können nicht zur Vorstellung gebracht werden.
Damit die Kinder Mengen dennoch in den Kopf bekommen, müssen sie für Vorschulkinder symbolisiert werden.
Mit Hilfe der Symbole lernen sie vor ihrem geistigen Auge die symbolisierten Mengen zu sehen.

Die Symbole sind als verallgemeinerte Erfahrungen das Trittbrett zum Zahlbegriff, der sich der Anschauung völlig entzieht.

Wenn Kinder mit Down-Syndrom gelernt haben, sich den Ball (ein Kreis), die Brille (zwei Kreise), die Ampel (drei Kreise), den Schmetterling (vier Kreise), die Finger der Hand (fünf Kreise)
vorzustellen, dann haben sie keine Probleme ebenso wie die Kinder ohne Down-Syndrom Mengen bis fünf mit einem Blick zu erfassen.

Diese Erfahrungen widerlegen die zur Zeit diskutierte Meinung, dass Vorschulkinder mit Down-Syndrom nur die Menge bis zwei mit einem Blick erfassen können.

Nach meiner Erfahrung ist das Problem der Kinder mit Down-Syndrom nicht in erster Linie eine biologisch begründete Einschränkung, die ohnehin nicht für alle Kinder mit Down-Syndrom gilt, sondern eine mangelnde soziale Möglichkeit **innere Gedächtnisbilder zu konstruieren.**

Als Vorschulkinder hatten sie kaum Möglichkeiten ihre Erfahrungen wie andere Kinder bildnerisch aufs Papier zu bringen oder im Rollenspiel auszudrücken.
Sie können keine inneren geistigen Handlungspläne entwickeln, wenn ihnen die Stufe der Symbolik fehlt.
Sie müssen lernen die Mengen von eins bis fünf im Kopf als Bilder zu sehen, denn nur mit den Bildern können sie innere geistige Handlungen, das ist Rechnen im Kopf, vollziehen.

Es nützt ihnen nichts, wenn sie die Ziffer 5 im Kopf sehen, das ist ein Geheimzeichen, das sie nicht entschlüsseln können.
Die Aufgabe der Lehrer besteht darin, den Kindern zu ermöglichen innere Bilder, die die Ziffern symbolisieren, zu konstruieren.

Die **Entstehung der Symbole im Kopf**

1. Damit das Kind die Bedeutung der Anzahl zwei in den Kopf zu nehmen lernt, ist es notwendig, eine sinnvolle Handlung mit der Anzahl zwei auszuführen. Die Kinder machen sich die Anzahl zwei bewusst, wenn sie eine Brille anschauen.

2. Die Brille ist ein Symbol für die Anzahl zwei.

   Die Kinder haben auf Grund vielfältiger Erfahrungen ein inneres Bild von der Brille.

3. Das Wesentliche der Brille sind die zwei Kreise, die die Gläser symbolisieren.

   Sie erkennen sie auf dem Würfel wieder.

4. Nun sind die Kinder in der Lage dies Symbol zwei im Kopf als Vorstellung zu konstruieren. Wenn ich vorher zu Timo gesagt habe: „Schließe die Augen und stelle dir die Menge zwei vor“, hat er mit dem Finger zweimal an die Stirn getippt. Er hat die Zwei hintereinander gefühlt, aber er konnte sie nicht auf einmal als Bild sehen. Er hat gesagt: „Ich sehe nichts“. Maria sagte: „Ich sehe nur schwarz.“

Kinder auf der psychologischen Entwicklungsstufe Vorschulkind entwickeln zunehmend im Mathematikunterricht folgende **Kompetenzen,** um den Anforderungen im Vorschulunterricht zu entsprechen:

1. In krisenhaften Situationen entwickeln sie die **innere Sprache** zu sich selbst, zuerst extra-subjektiv und dann intrasubjektiv. Ich hatte z.B. den blauen Stift weggenommen. Als das Vorschulkind den Himmel malen wollte, sprach es zu sich selbst: „Der Himmel ist heute rot."

2. David sollte Bestecke nach Farben sortieren. Die Bestecke lösten bei ihm den Wunsch aus Braten zu essen. Er schnitt sich im Rollenspiel ein Stück von seinem Fuß ab. Er entwickelt ein Bewusstsein seiner **inneren Bedürfnisse.**

3. Dominik spielt den Pferdebesitzer. Der Knecht führt die Pferde auf die Weide. Er ordnet jedem Pferd ein **Token** zu, das heißt er **symbolisiert** jedes Pferd. Als der Knecht zurückkommt kontrolliert er, ob ein Pferd verloren gegangen ist.

Dominik entdeckt die Handlungszeichen < kleiner , > größer , = gleich.

4. Jon kann sich seinen Wunsch den Bus zu besitzen, erfüllen, weil er im Unterricht lernt zu t**auschen.** Er nimmt den Bus mit und lässt in meiner Praxis zwei kleine blaue Autos.

5. Pablo hat in zwei verschieden große Gläser Saft gekippt. Zuerst denkt er, dass in dem höheren schmaleren Glas mehr Saft ist. Doch dann erinnert er sich, dass er in jedes Glas zwei Gläschen Saft gekippt hat. Er ist in der Lage mit Hilfe des Messens und seines **Erinnerns** in den **Widerstand zum Wahrnehmungsfeld** zu gehen.

6. Paul lernt die Mengen von eins bis fünf als **Symbole** im Kopf zur Vorstellung zu bringen.

7. Das **Gedächtnis** entwickeln Vorschulkinder, indem sie lernen mit Hilfe von Miniaturen, Fotos, selbstgemalten Bilder, Rollenspiel sich Vergangenes zu vergegenwärtigen.
Sie lernen im **inneren Ereignisraum** zu agieren, wenn sie gelernt haben gemeinsam mit anderen Kindern und den Pädagogen sinnvoll zu spielen.

8. Sie lernen mit Hilfe von Abbildungen ihre inneren Affekte zu empfinden und wahrzunehmen, ins Bewusstsein zu bringen und zu bezeichnen.
Auf diese Weise **kultivieren** sie ihre **Affekte** zu differenzierten **Gefühlen.**

Denn nur mit Hilfe der Sprache lernen die Kinder Angst, Wut, Neid, Freude, Stolz, Trauer zu differenzieren und mitzuteilen.
Jon, vier Jahre, sagt nicht mehr: „Will nicht“, sondern „Ich bin wütend, ich bin müde, ich freue mich, ich habe Angst.“

Paul, 12 Jahre alt, versteht, was die Personen auf den Karten fühlen:

Stolz, Freude, Wut, Angst, Trauer

Laila, 14 Jahre alt, und Lyn ordnen den Begriffen Angst, Freude, Wut und Betrübnis entsprechende Gebärden zu.
Sie lernen in das innere ihrer eigenen Gefühle einzutauchen und diese zu bezeichnen.
Sie üben mit Hilfe von verschiedenen Abbildungen im Gesicht eines anderen Menschen zu sehen, wie sich dieser fühlt. (Mies van Hout: „Heute bin ich“, Zürich 2012).

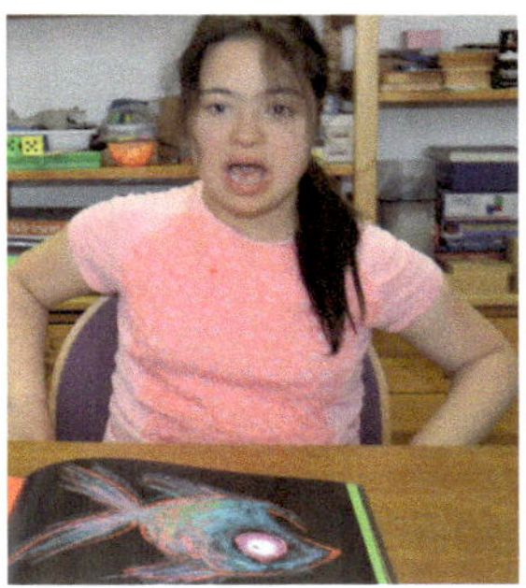

Angst

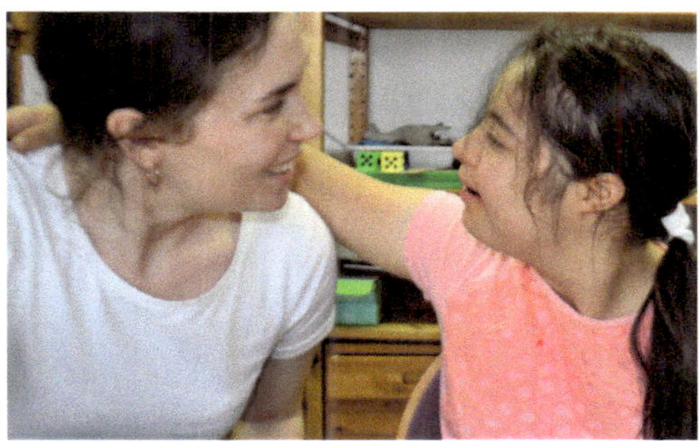

Freude

Wut

Betrübnis

3 a) Die **Kultur des Zahlgebrauchs in der Geldgesellschaft**

Aus den Dorfgemeinschaften entwickelten sich Städte. Die Händler zogen nun mit ihrer Ware durch die Lande. Es war nicht mehr sinnvoll für jeden Gegenstand spezielle Token zu haben, sondern es musste ein Tauschwert geschaffen werden, der für alle Gegenstände galt.
Die Sumerer entwickelten die ersten Münzen.
Die Entstehung von Münzen wurde unumgänglich, damit der aufkommende Handel vereinfacht werden konnte. Die Münzen vereinigten auf kleinem Raum einen hohen Wert, waren also leicht zu transportieren. Das Metall der Münzen war kostbar, weil es nur beschränkte Mengen davon gab. Außerdem war es eine Art Universaltauschgut, gegen welches man alles eintauschen konnte.

Das **Zählen**

Die Münzen symbolisierten nicht wie die Token einen bestimmten Gegenstand, sondern den abstrakten Wert der Ware. Es wurden nicht mehr symbolisierte Gegenstände getauscht wie z.B. ein Öltoken gegen eine Kanne Öl. Mit den Münzen konnten in der Geldgesellschaft alle Gegenstände be**zahl**t werden.

Die Kinder lernen, wie in den verschiedenen Kulturen gezählt wird. Sie lernen die römischen Ziffern kennen, die an die Token erinnern, wie es auf den Uhren noch heute zu sehen ist.
Für jede weitere Stunde wird ein Strich hinzugefügt.

Das **Bezahlen**

Die Kinder wollen so früh wie möglich selbständig einkaufen. Das üben wir im Rollenspiel.
Wir haben einen Kaufmannsladen.

Sophia, 6 Jahre alt, klebt einen Einkaufszettel mit Tomate, Gurke, zwei Karotten, Birne und Banane.
Der Verkäufer Jon, 6 Jahre alt, klebt die Preise daneben.
Nun sagt er zu Sophia: „5 Euro.“ Sophia zählt nach und prüft, ob das stimmt.
Sie sagt: „Ich muss 5 Euro zahlen“ und legt das Geld auf den Ladentisch.

Sie hat die 1 Euro Münzen ausgegeben. Sie hat nur noch 2 Euro Münzen und 5 Euro Scheine.

Sie geht zur Sparkasse und tauscht.

Sie weiß nun, dass sie für fünf 1 Euro Münzen genau so viel einkaufen kann wie für einen

5 Euroschein. Sie staunt.

Die Kinder lernen 5 Cent Münzen und 2 Cent Münzen gegen 1 Cent Münzen zu tauschen.

Jon kauft Äpfel.
Er muss vorher zur Bank
und seine eine 5 Cent Münze
in fünf 1 Cent Münzen eintauschen.

Jon kauft Eis.
Er hat 5 Cent in Form von
zwei 2 Cent Münzen und einer 1 Cent Münze.
Er möchte 3 Kugeln Eis kaufen.

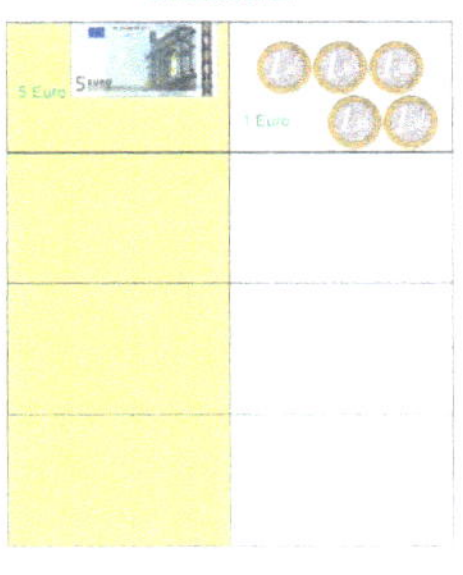

Die **Zeit**

Die Kinder lernen die Uhrzeit, indem sie das Vergehen der Zeit beobachten.
Jon kann die Stunden anhand der Uhr mit den römischen Ziffern, die wie Token sind, die Menge der Stunden abzählen.
Die arabischen Ziffern muss er noch lernen.

3b) Das **Schulkind**
Der Gebrauch der **Zahlen**

Die **Eins**
In unserem Kulturkreis hat sich die Schreibweise der arabischen Ziffern durchgesetzt.
Wann und wo sie erfunden wurden konnte bis heute nicht erforscht werden.

Erst im 15. Jahrhundert erreichte die arabische Schreibweise der Ziffern das christliche Europa.
Im Mathematikunterricht lernen die Kinder in den Kindergärten und Schulen im Zahlenraum von 1 bis 10 Dinge abzuzählen.

Die Zahl 1 ist wie ein Chamäleon, das sich ständig verändert. Mal ist sie groß, mal ist sie klein, mal ist sie schwer, mal ist sie leicht, mal ist sie allein und mal ist sie ganz viele. Eben war sie noch ein Elefant, nun ist sie eine Maus.
Eben war sie noch eine Tüte Kirschen und nun ist sie nur noch eine Kirsche.

Wenn den Kindern die Eins im Kindergarten oder in der Schule erklärt wird, geschieht das in der Regel in der Form, dass den Kindern Gegenstände oder Abbildungen gezeigt werden, die allein, einsam, getrennt von anderen Gegenständen sind.

Die Kinder denken nach meiner Erfahrung, dass die **Eins** immer **allein** ist. Vorstellen können sie sich die Eins nicht.

Wie kann ein Kind im Mathematikunterricht lernen, was die Eins ist? Der Weg zur Eins war ein langer Weg in der Entwicklung der Menschheitsgeschichte.

Daher ist es notwendig genügend Zeit aufzubringen, um den Kindern die Entdeckung der Eins zu ermöglichen.
Harry arbeitet in einer Werkstatt für Menschen mit geistiger Behinderung. Seine Betreuer möchten, dass ich ihnen während einer Fortbildung vermitteln kann, wie er das Zählen lernt. Harry liebt Silbermünzen.
Ich lege fünf Münzen auf den Tisch. Ich frage ihn, ob er die haben möchte. „Ja," das möchte er.
Ich gebe ihm drei und mir zwei. „Gut". Ich gebe ihm eine und mir vier. „Nicht gut".
Ich bitte ihn es richtig zu machen. Er gibt mir eine und legt zögerlich für sich vier hin.
Ich sage: „Gut gemacht. Du möchtest am liebsten alle fünf." Harry lacht sich schief. „Ja."
„Doch bevor du sie einsteckst sollst du zählen, wie viele Münzen es sind." Ich lege die fünf Münzen in eine Reihe. Wir zählen „eins, zwei, drei, vier, fünf." Harry zählt laut mit.
„Nun zählst du allein!" Harry legt die vierte Münze nach vorn und zählt: „Vier, eins, zwei, drei." Ich sage: „Wir beginnen die Zahlenreihe mit der

eins.“
Harry sieht mich nicht an. Er schaut auf den Tisch. Wir zählen noch einmal gemeinsam:
„Eins, zwei, drei, vier, fünf.“
Harry schweigt. Die anwesenden Pädagogen schweigen auch.
Ich bin ratlos. „Harry, was stimmt hier nicht?“
Harry murmelt: „Der Vier ist i m m e r hinten. Ich will das nicht mehr. Der Vier soll auch mal vorne stehen.“ Für Harry sind die Bezeichnungen der Ziffern Namen.
„Da sind Herr Eins, Herr Zwei, Herr Drei, Herr Vier und Herr Fünf.“
Schweigen.

Manche Kinder zählen: „Eins ,zwei, drei, vier, fünf“, obwohl nur drei Kreise aufgezeichnet sind. Sie erkennen keinen Zusammenhang zwischen den Ziffern, die sie hintereinander aufsagen und der Menge der Gegenstände, die sie bezeichnen.
Die pädagogische Intervention heißt dann: „Sprich langsam und schau genau hin.“
Das Kind, das diese für es sinnlose Zahlenreihe korrekt aufsagt, tut, was verlangt wird ohne es zu verstehen.
Das **Zahlensystem** müssen die Kinder jedes auf ihre Weise **entdecken**, auswendig lernen bleibt ohne Sinn und Bedeutung für sie.

Paul ist im ersten Schuljahr. Er hat das Down-Syndrom. Wenn er abzählen soll, sagt er:

„Das ist schwer. Ich weiß nicht zwei erst oder drei?“

Die Kinder mit Down-Syndrom reagieren auf alle Abbildungen emotional.

Wenn zum Beispiel ein einzelnes Tier oder ein einzelnes Kind abgebildet ist, dann

sagen sie: „Der hat keinen Freund.“

Clara hat in der Schule die Zahlenreihe von eins bis zehn mit Hilfe einer Abbildung von zehn nebeneinanderstehenden Kindern gelernt.

Es ist für Clara unmöglich sich Zahlen als Ziffern vorzustellen.

Clara hat das Down-Syndrom. Sie ist jetzt im zweiten Schuljahr in der Regelschule.

Sie hat inzwischen ihre „Vorstellung“ von Mengen.

Die „Eins“ nennt sie immer Amelie, die „Zwei“ ist sie selbst „Ich“, die „Drei“ ist Lucia, die „Vier“ ist Sofia, die „Fünf“ ist Emma, die „Sechs“ ist Lisa.

Sie soll folgende Aufgabe lösen: „Drei Kerzen brennen am Tannenbaum. Zünde noch zwei Kerzen an. Wie viele Kerzen brennen nun?“
Sie malt die brennenden Kerzen. Dann zählt sie : „Amelie, Ich, Lucia, Sofia, Emma, Lisa.“
Clara bekommt die Aufgabe 3+2= ?

Clara rechnet: Lucia und Ich ist Emma.

Ich stelle fest, dass sie, obwohl sie nun zweieinhalb Jahre die Regelschule als Inklusionskind besucht, nicht bis zehn zählen kann.
Sie kann sich die Reihenfolge der Ziffern einfach nicht einprägen.
Ich kann mir die Reihenfolge der Buchstaben auf der Tastatur des Computers nicht merken.
Meine Finger finden sie inzwischen automatisch, weil ich viel schreibe. Ich weiß aber nicht wie die Finger es machen.

Da die Zahl „Eins“ nicht aus der Erfahrung stammt, müssen wir uns fragen, wie die Kinder lernen sich von der Eins einen Begriff zu machen.

Der Mathematikunterricht beginnt in der Regelschule mit Abzählen, Abzählen, Abzählen.
„Er kann jetzt schon bis fünf zählen,“ verkündet der Pädagoge.
Dem Pädagogen ist nicht bewusst, dass dieses Kind möglicherweise wie Harry und Clara sich eine Reihe von Namen gemerkt hat. Natürlich führt nun jede nachfolgende mathematische Operation in eine Katastrophe.

Ludmilla F. Obuchova schreibt:

„Ausgehend von Piotr Galperins Theorie kann die wissenschaftliche mathematische Untersuchung der Einheiten nur auf der Grundlage von Messungen gewonnen werden.

Wenn eines der Objekte als Maß genommen wird, dann ist jedes weitere Objekt, das ihm gleich ist, für den Rest aller anderen Mengen bestimmend. Darum ist die „Eins“ die Beziehung auf etwas Gemessenem zu diesem Ausgangsmaß.

Wir können das Objekt „Eins“ nicht sehen. Der Begriff „Eins“ kann dem Kind erklärt werden als eine **Anzahl von Handlungen**, indem die „Eins“ das gewählte Ausgangsmaß ist, mit dem dann alle weiteren Messungen durchgeführt werden.“

Zeichnung von L.F. Obuchova

Das haben die Kinder bereits mit Hilfe der EinszuEins - Korrespondenz gelernt.
Es ist noch nicht lange her, dass in unserem Kulturkreis die nichtmetrischen Maße genutzt wurden, wie z.B. Elle, Fuß, Scheffel, Sack usw.

Weißhörnchen erklärt die Eins

Ich spiele mit den Kindern folgende Geschichte von Rothörnchen und Grauhörnchen.
Rothörnchen und Grauhörnchen brauchen Säcke für ihre Nüsse. Sie kaufen Stoff.

Der Verkäufer von Rothörnchen hat längere Arme. Er legt den Stoffballen an seinen Arm.

Dann schneidet er ein Stück Stoff ab.

Er sagt: „Eine Elle Stoff kostet eine Pfote Haselnüsse."

Grauhörnchens Verkäufer hat kürzere Arme. Er legt den Stoffballen an seinen Arm und

schneidet ein Stück Stoff ab.

Er sagt: „Eine Elle Stoff kostet eine Pfote Haselnüsse."

Rothörnchens Stück Stoff ist länger. Die Verkäufer benutzen das nicht metrische Maß Elle. Grauhörnchen sagt: „Mein Stück Stoff ist kürzer ."

Sie gehen zu Weißhörnchen.

Lehrer Weißhörnchen sagt:

„Ihr braucht ein **metrisches Maß**. Er gibt den Kindern einen **Stab**, der ist ein bisschen kürzer als Rothörnchens Stück Stoff und ein bisschen länger als Grauhörnchens Stück Stoff. Jetzt kaufen alle Eichhörnchen im Wald ihren Stoff für die Säcke nach dem **Maßstab.** Jeder Sack hat nun die gleiche Größe 1. Das ist toll.

Rothörnchens Stoff

Grauhörnchens Stoff

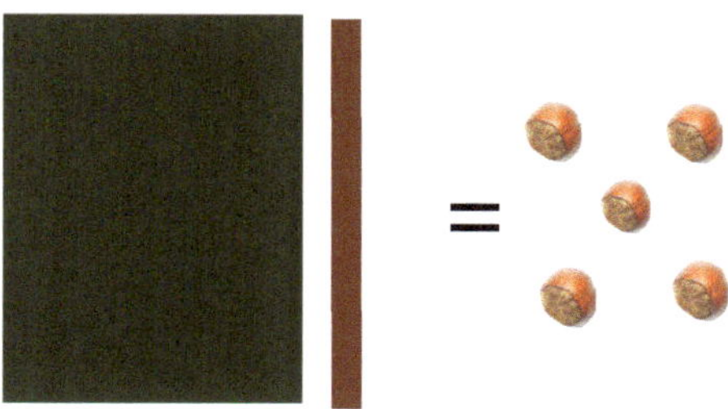

Der Maßstab gilt für alle Hörnchen.
Die Kinder entdecken die Eins als Maßstab, indem sie lernen,
die Eins als Ausgangsmenge für alle weiteren Zahlen selbst herzustellen.

Die **Ontogenetischen Mathekarten**

Wenn die Kinder eingeschult werden, lernen sie in der Regel einerweise abzuzählen. Wir haben festgestellt, dass Kinder nur durch abzählen von Dingen keine Vorstellung von den Mengen bekommen, die sie gerade lautsprachlich bezeichnen. Daher beginnen wir schon im Vorschulunterricht damit Mengen zu symbolisieren. Die Symbole helfen den Kindern die Mengen im Kopf zu veranschaulichen. Die Kinder bekommen auf diese Weise eine Vorstellung von den Mengen eins bis fünf.

Die Kinder lernen die Mengen von eins bis fünf beispielhaft zu symbolisieren. Wir haben Symbole gewählt, die die Kinder bereits als Vorstellung im Kopf hatten.

Die Menge 1 als Ball, die Menge 2 als Brille, die Menge 3 als Ampel, die Menge 4 als Schmetterling, die Menge 5 als Hand.

Wie gelangt die Vorstellung einer Menge in den Kopf?

1. Das Kleinkind handelt z.B. mit der Menge 1 im Wahrnehmungsfeld, in dem es mit einem Ball spielt.

2. Das Vorschulkind malt den Ball. Im Sinne Vygotskijs hebt es den Ball beim Malen im Bild als externes Gedächtnis auf. Das äußere Bild vom Ball wird zur inneren Vorstellung im Kopf. Das bezeichnet Vygotskij als internes Gedächtnis. Es verinnerlicht den Ball. Es erinnert ihn.

3. Das Schulkind **beziffert** die innere Vorstellung vom Ball mit dem Zeichen für die Zahl 1.

So bekommt jedes Kind die Möglichkeit Mengen von eins bis fünf aus dem Wahrnehmungsfeld als Symbole in den Kopf zu transportieren und als Zeichen zu denken.

Das Kleinkind macht sinnliche Erfahrungen mit den Gegenständen.

Es spielt mit dem Ball, die Menge eins, setzt sich die Brille auf, die Menge zwei, schaltet die Spielampel auf rot, grün oder gelb, die Menge drei, spielt mit dem Plastikschmetterling, die Menge vier und malt sich die Fingernägel rot an, die Menge fünf.

Das Vorschulkind symbolisiert die Gegenstände.

Es malt die Würfelaugen des Balls, der Brille, der Ampel, der Augen auf den Flügeln des Schmetterlings, der Fingernägel auf einen Würfel.

Das Schulkind beziffert die Symbole der Mengen von eins bis fünf.

Die Jungen können sich die Menge vier am besten vorstellen, wenn sie an die vier Räder eines Autos denken. Mädchen und Jungen können sich die vier Beine eines Elefanten vorstellen.
Wir haben für die Ontogenetischen Mathekarten den Schmetterling gewählt, weil er als Symbol einfach zu zeichnen ist.

Für die Aneignung der Mengen von eins bis fünf haben wir folgende Gegenstände und deren Symbolisierung gewählt:

Das Lösen von Additionsaufgaben mit Hilfe von Gegenständen, Symbolen und Ziffern:

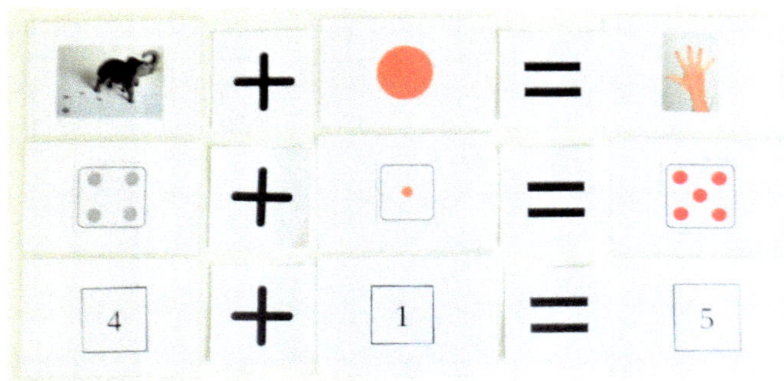

2
+
3
=
5

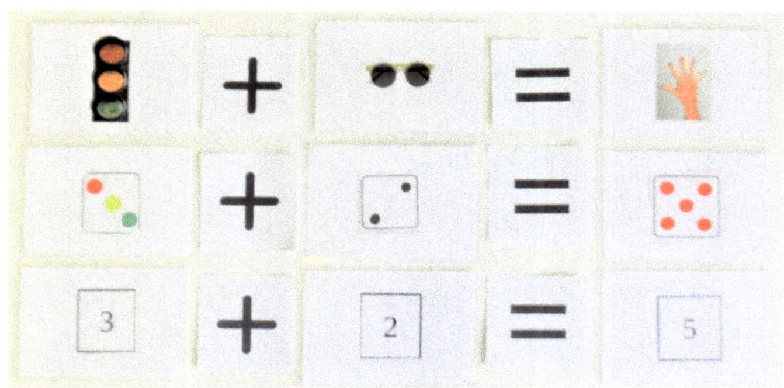
3
+
2
=
5

Die **Stückzahl**

Die Kinder zählen nicht die Gegenstände, wie es in der Regel im Unterricht geschieht, sondern sie nehmen ihnen die qualitativen Merkmale, indem sie für jede Zahl während des Zählens Striche ziehen. Einige Kinder zeichnen die markierten Striche nach. Dann beenden sie das Zählen mit einem Punkt.
Sie decken dann den Gegenstand zu. Es bleiben nur noch Punkte übrig, die die Stückzahl symbolisieren. Alle Qualitäten der Gegenstände sind verschwunden, es bleibt nur noch die Quantität.
Diese Übungen sind für einige Kinder notwendig.
Vor dieser Übung sagt Taha: „Papa, ich weiß genau, dass ein Elefant mehr ist, als vier Mäuse. Das siehst du doch.“

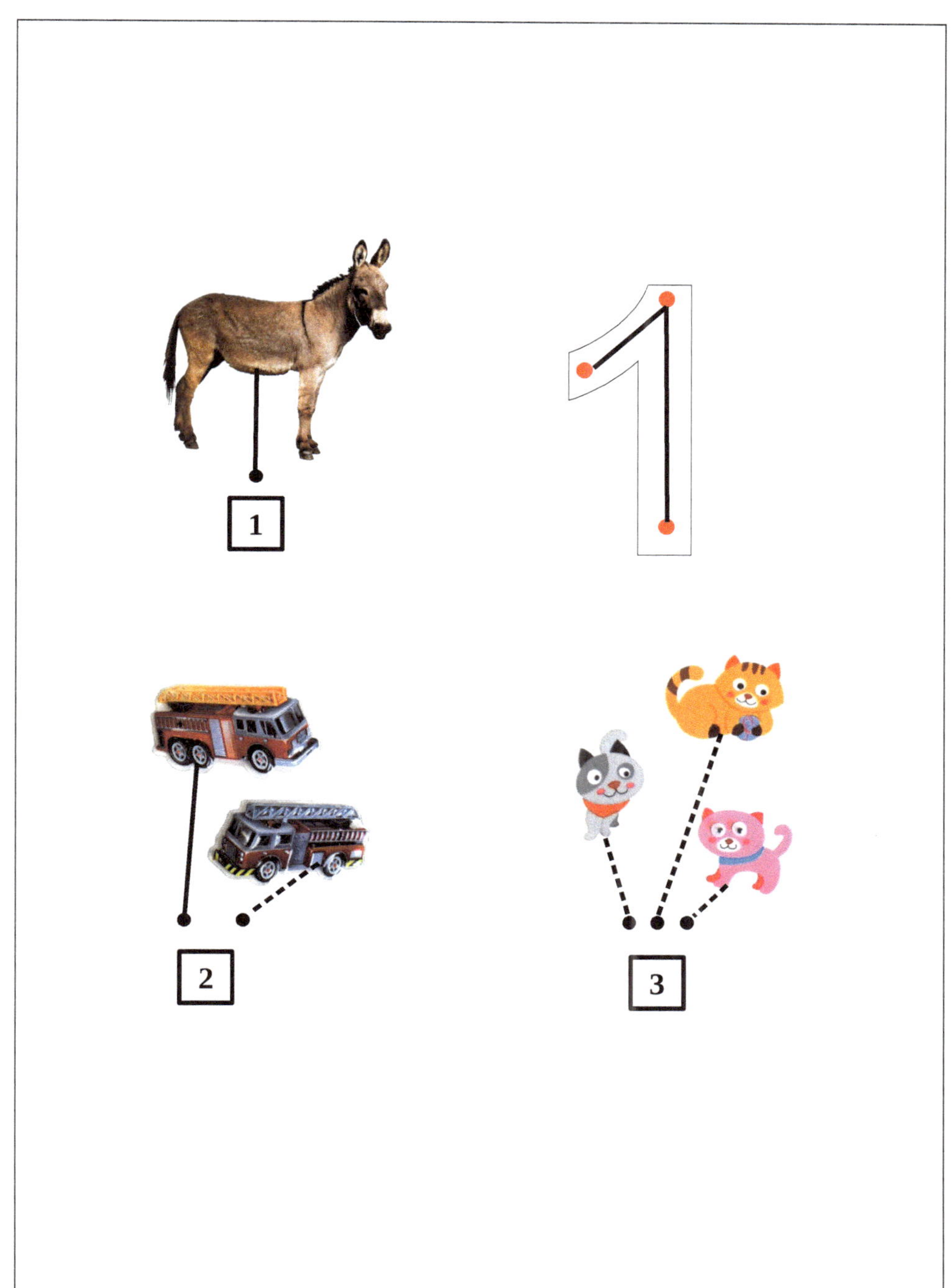
1
2
3

Das **Zählen**

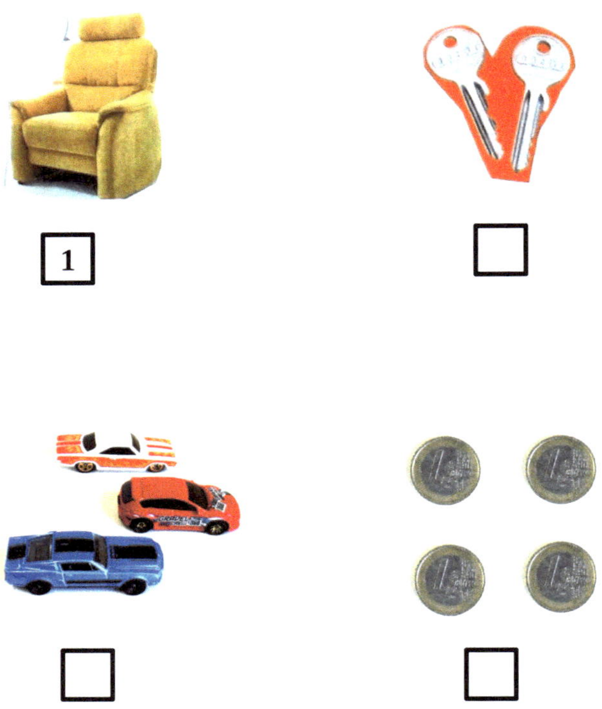

Nachdem die Kinder die Stückzahl begriffen haben, zählen sie unterschiedliche Mengen und beziffern sie.

Das **Zahlendiktat**

Ob die Kinder innere Vorstellungen von den Mengen bis zehn haben testen wir, indem sie beim Zahlendiktat nicht nur die Ziffern schreiben, sondern auch die Symbole der Ziffern.
Sie zählen die 2 Orangen. Sie malen die 4 vorgedruckten Kreise wie z.B. Äpfel rot an. Dann schreiben sie die Ziffern und malen die Mengen ohne Hilfe, wenn es ihnen gelingt.
Paul malt 3 Zitronen.

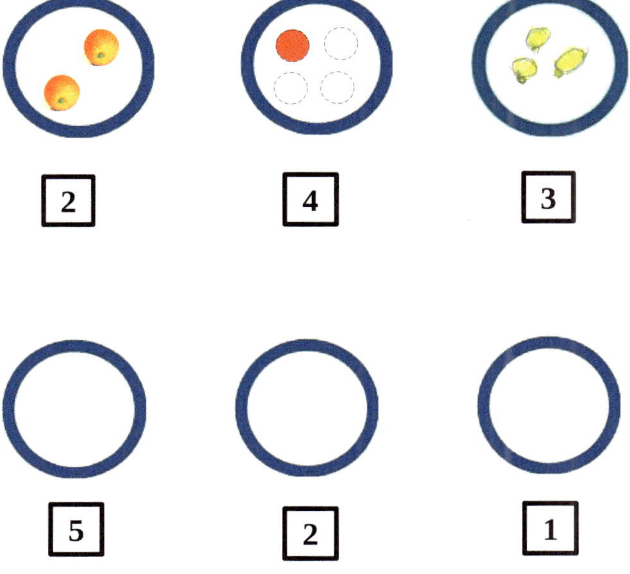

Danach üben die Kinder die verschiedenen Mengen zu symbolisieren, indem sie sie als Würfelaugen malen.

Während des Malens mit dem Stift, entstehen die inneren Bilder im Kopf.

Lehrer Weißhörnchen will nun wissen, ob sich die Kinder die Mengen von eins bis fünf im Kopf vorstellen können.

Er sagt: „Wenn ich eine Zahl sage, schreibt ihr die Ziffer in den Kopf und zeichnet die Augen des Würfels."

Paul liebt Würfelspiele. Er hat keine Probleme sich auch die Menge 6 und die Menge 8 in den Kopf zu malen.

Das **Vergleichen**

Wenn die Kinder zählen können, ist es ihnen möglich, die **genaue Anzahl** zu vergleichen.
Der Sinn der Aufgabe leuchtet ihnen sofort ein, wenn sie nicht nur die Anzahl vergleichen, sondern auch die Mimik der Gesichter über der jeweiligen Anzahl.

Wenn die Kinder Mengen vergleichen sollen muss die Aufgabe für sie sinnvoll sein.
Die Kinder vergleichen zwei Hände. In der einen Hand sind vier Euro. In der anderen Hand zwei.
Diese Aufgabe lösen sie, weil über jeder Hand ein Kopf abgebildet ist. Der Kopf, der vier Euro in der Hand hat, lacht, der Kopf mit zwei Euro ist traurig.

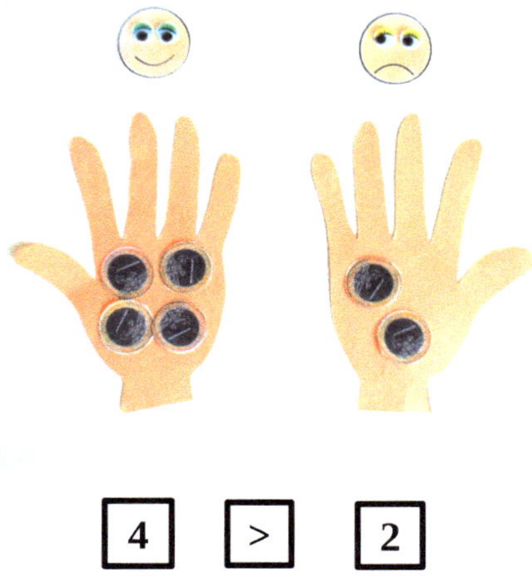

Zuerst schaut Paul auf die Gesichter. Er verzieht sein Gesicht zu einer traurigen Mimik.
Er sagt: „Der ist traurig.“ Danach schaut er erst auf die Hände und zählt die Euro.
Er überlegt und sagt: „Der will noch zwei dazu.“ Die Aufgabe bedeutet für ihn in erster Linie nicht abzählen, sondern Parteinahme.
Die Kinder mit Down-Syndrom identifizieren sich in der Regel mit dem Gesicht, das weniger hat.
Die Kinder haben nun alle Voraussetzungen, um Aufgaben der vier Grundrechenarten zu lösen.
In jeder Unterrichtsstunde werden die psychologischen Entwicklungsstufen der Ontogenese Säugling, Kleinkind, Vorschulkind und Schulkind durchlaufen.

Die Ontogenetischen Mathekarten symbolisieren die Mengen von eins bis fünf entsprechend den psychologischen Entwicklungsstufen vom Kleinkind zum Schulkind.
Auf diese Weise bekommt jedes Kind eine Anschlussmöglichkeit an den Unterricht und entwickelt sich während dieser einen Stunde von einer psychologischen Entwicklungsstufe auf die nächst höhere.
Die Ontogenese wird in einer inklusiven Unterrichtsstunde als Aktualgenese durchlaufen.

Die Kinder haben die inneren Vorstellungen der Mengen von eins bis fünf als Symbole im Kopf.

Sie haben den Sinn der Handlungszeichen entdeckt. Die Handlungszeichen leiten ihre Handlungen an. Jede Aufgabe ist für sie sinnvoll.

Die Kinder zeigen mir, welche Aufgaben ihnen Freude machen und sinnvoll sind.
Begreifen macht glücklich. Mathe macht glücklich. Es bringt uns Freude an der Entstehung
unseres Mathematikbuchs gemeinsam zu arbeiten.

Die **Division**

Das kleine Geteiltdurcheins

Die Kinder verteilen Dinge im **Wahrnehmungsfeld**.

Rothörnchen und Grauhörnchen verteilen Erdnüsse und Haselnüsse.

Laurenz verteilt blaue Glassteinchen an die Puppen.

Nachdem Lena die blauen Glassteine verteilt hat, beantwortet sie die Fragen des Arbeitsblatts.

Sie malt die Glassteine, die die Puppen bekommen haben.

Die Kinder bekommen Arbeitsblätter mit aufgemalten Puppen.

Sie legen unter die Gesichter die blauen Glassteine.

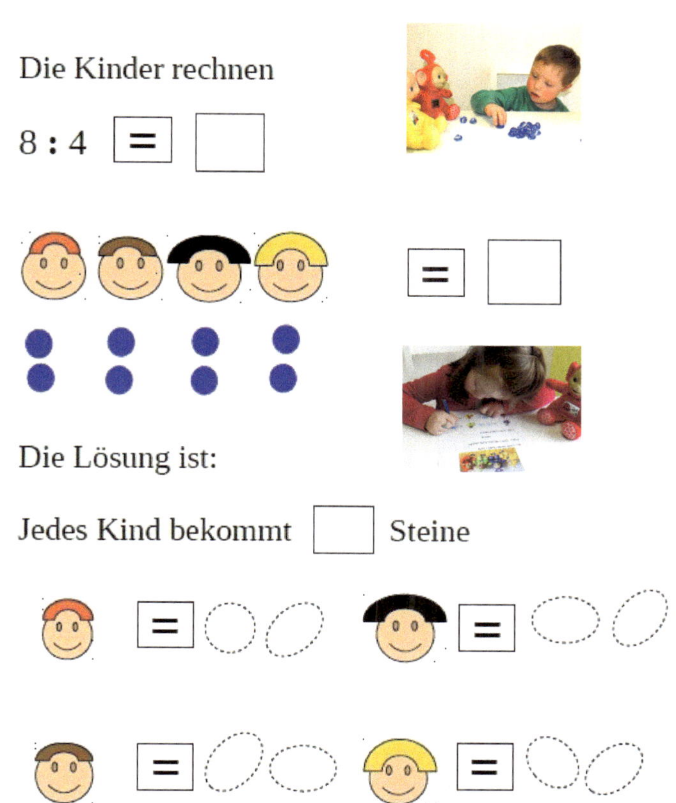

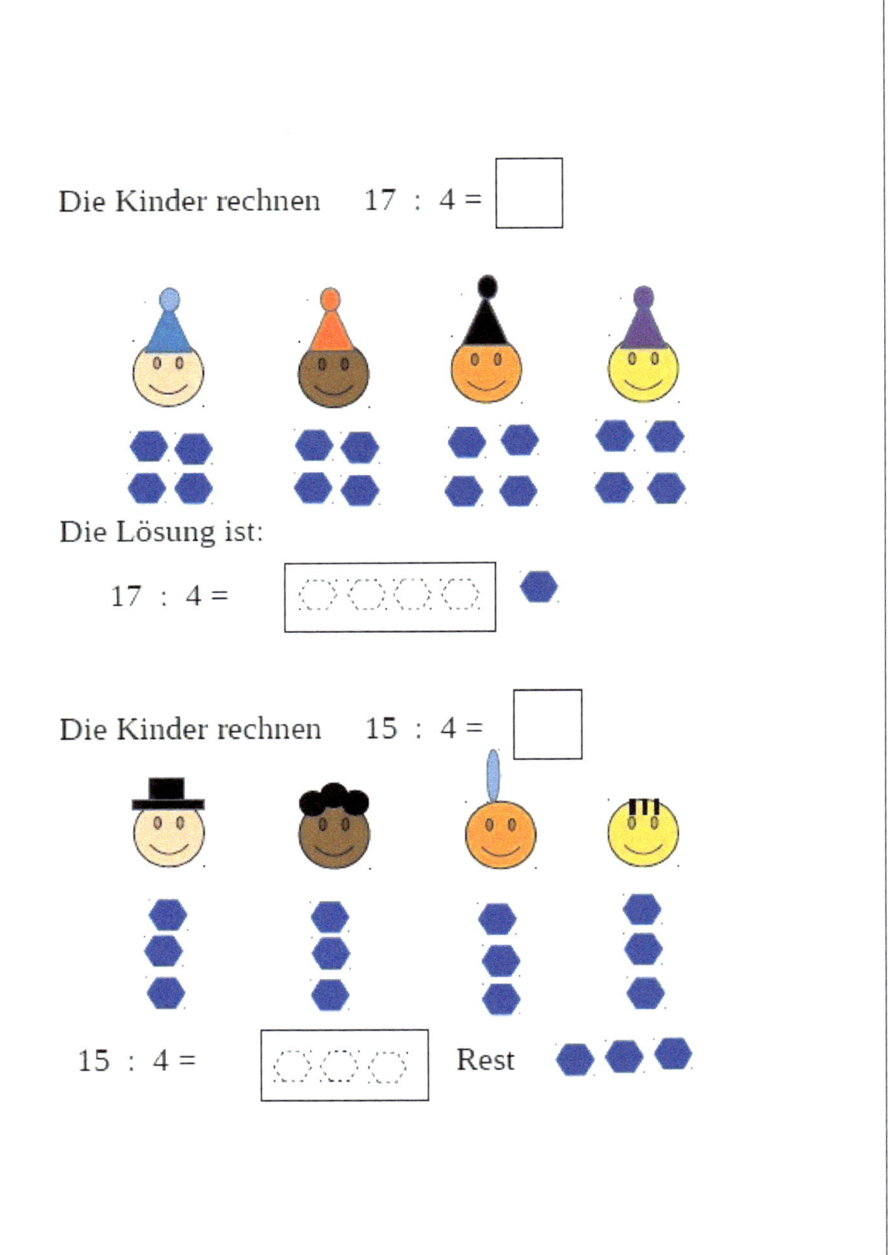
Die Kinder rechnen 17 : 4 =
Die Lösung ist:
17 : 4 =
Die Kinder rechnen 15 : 4 =
15 : 4 =
Rest

Für dieses Arbeitsblatt stehen den Kindern keine Marks wie z.B. die Glassteine zur Verfügung.

Nun müssen sie auf Arbeitsblättern Nüsse und Autos usw. auf der **symbolischen Ebene** verteilen, indem sie Striche ziehen.

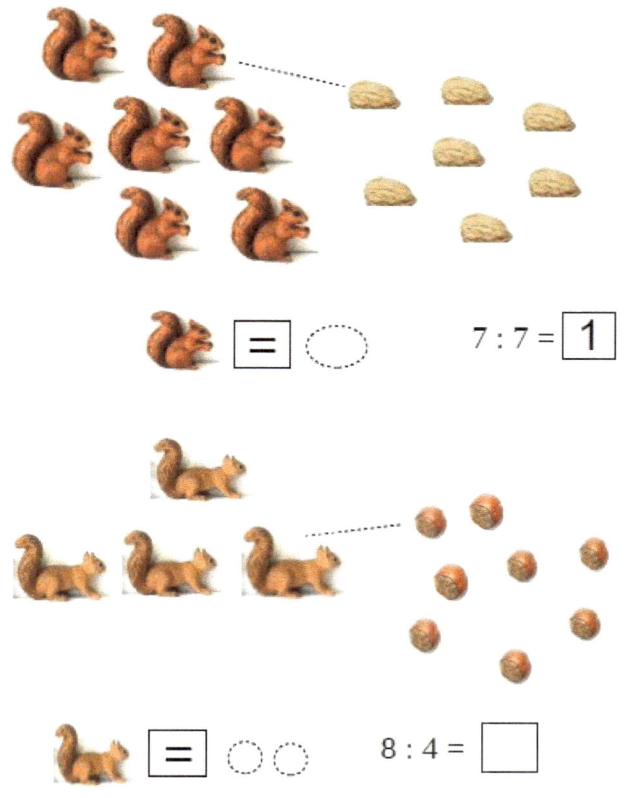

Wie viele Autos bekommt ein Kind?

=

8 : 4 =

=

5 : 5 =

Wenn die Kinder eine Divisionsaufgabe nur mit Hilfe von Ziffern rechnen sollen, scheitern einige Kinder.

Lena soll die Aufgabe 8 : 2 = ?

rechnen. Sie kann sich nicht vorstellen, was sie tun muss, um die Aufgabe zu verstehen und zu lösen.

Ich sage zu Lena: „Es werden 8 Kekse an 2 Kinder verteilt“. Nun hat sie eine Vorstellung, welche Handlung stattfindet, dennoch kann sie die Aufgabe nicht lösen.

Ich sage zu Lena: „Male ein Bild von der Aufgabe“.

Lena malt zwei Kinder
und acht Kekse.
Doch sie kommt nicht
zur Lösung der Aufgabe.

Ich verändere die Aufgabe. Ich sage:

„Da stehen zwei Kinder. Jedes Kind bekommt vier Kekse."

Ich setze 2 Puppen auf den Tisch.

Ich frage: „Wie viele Kekse brauchst du, wenn jedes Kind vier Kekse bekommt?"

Lena gibt jeder Puppe 4 Kekse.
Das ist einfach.
Sie zählt die 8 Kekse.
Sie löst die Aufgabe:

? : 2 = 4

8 : 2 = 4

Dann hebt sie ihre Erfahrung in der Zeichnung auf.

Nun versteht sie die Aufgabe.

Wenn die Kinder die Division auf diese Weise beginnen, lernen sie später auch die Aufgabe zu lösen:

8 : 2 = ?

8 : 2 = **4**

Die Kinder lernen weitere Divisionsaufgaben auf diese Weise.

Wie viele Euro braucht Oma, wenn sie jedem von ihren 4 Enkelkindern 2 Euro gibt?

$\square : 4 = 2$

Oma braucht für ihre 4 Enkelkinder 8 Euro, wenn sie jedem 2 Euro schenkt.

Das geteilt durch 2

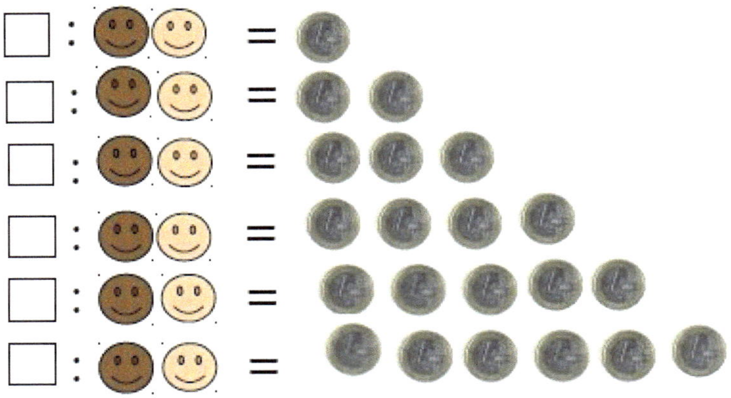

☐ : 😊😊 = 1 €

☐ : 😊😊 = 2 €

☐ : 😊😊 = 3 €

☐ : 😊😊 = 4 €

☐ : 😊😊 = 5 €

☐ : 😊😊 = 6 €

☐	:	2	=	1	☐	:	2	=	6
☐	:	2	=	2	☐	:	2	=	7
☐	:	2	=	3	☐	:	2	=	8
☐	:	2	=	4	☐	:	2	=	9
☐	:	2	=	5	☐	:	2	=	10

Wenn die Kinder die Divisionsaufgaben als „Multiplikation“ gelernt haben, sind sie in der Lage die Divisionsaufgaben zu rechnen.

	:		=	
	:		=	
	:		=	
	:		=	
	:		=	

2	: 1	=	
4	: 2	=	
6	: 3	=	
8	: 4	=	
10	: 5	=	

2 : 2 =

4 : 2 =

6 : 2 =

8 : 2 =

10 : 2 =

12 : 2 =

14 : 2 =

16 : 2 =

18 : 2 =

20 : 2 =

Ralf Fingerhut arbeitet in einer Werkstatt für Menschen mit geistiger Behinderung. In einem psychologischen Gutachten lese ich, dass er kein Rechenzentrum hat. Er wird nie lernen logisch zu denken.
Ich soll nun mit ihm rechnen lernen.
Ich fragte ihn: „Kannst du dich an eine Aufgabe erinnern, die du dir gemerkt hast? An der Aufgabe will ich dir dann erklären, was eine Gleichung ist.
Er antwortete: „Ja zum Beispiel 8 : 4 = 2."
Ich sagte: „8 : 4 = 2 ist eine Teilaufgabe. Wir werden sie erst mit Puppen und Pfennigen rechnen. Dann aufzeichnen."
Ich stellte 4 Puppen auf den Tisch und verteilte ungleich an die Puppen 8 Pfennige. Ich hoffte, dass Ralf von selbst sagen würde: „Das ist nicht richtig verteilt."

Aber Ralf sagte ohne zu zögern:
„Ich kriege eine Mark die Stunde. Ich bin der mit einer Mark.
Der erste ist, glaube ich der Chef. Der zweite ist wohl der Meister, der Letzte kriegt gar nichts.
Der fühlt das doch, dass er auch was haben möchte."

Schweigen.
Er sagt: „Ich kann mich nicht durchsetzen, das müssen erfahrene Leute sein, die sich durchsetzen können, selbstbewusste Leute. Können Sie sich durchsetzen Frau Manske, ja? Der Chef kriegt das ganze Geld. Guck mal, das wäre doch ungerecht."

Ich wusste im Augenblick nicht, was ich sagen sollte.
Darum konzentrierte ich mich nur auf die Rechenaufgabe und verteilte die acht Pfennige an die einzelnen Puppen.
Ralf erhob sich. Er drückte die Hände gegen die Schläfen, zeigte immer wieder mit dem rechten Zeigefinger auf die Pfennige und sagte:
„Das also bedeutet ist zwei.“
Dann riss er die Arme hoch, machte einen Luftsprung, fasste sich mit beiden Händen an den Kopf: „Das also bedeutet ist zwei. Warum haben die mir das nicht schon eher gesagt, wissen die das nicht, dass ich auf die Gleichwertigkeit beim Rechnen achten muss?“
Später sagt er zu mir: „Das ist der kommende Jesus. Das ist die Flamme der Gerechtigkeit.
Wenn acht geteilt durch vier wirklich zwei wäre, dann gäbe es keinen Hunger in der Welt.“

Die **Multiplikation**

Das kleine Einmaleins

Lena verteilt die Nüsse mit Hilfe von Rothörnchen in Taschen.

In jede Tasche
legt Rothörnchen
2 Kastanien.

In jede Tasche
legt Grauhörnchen
3 Walnüsse.

Pablo zählt die Chips die in den 2 Taschen waren und schüttet sie in einen Karton.

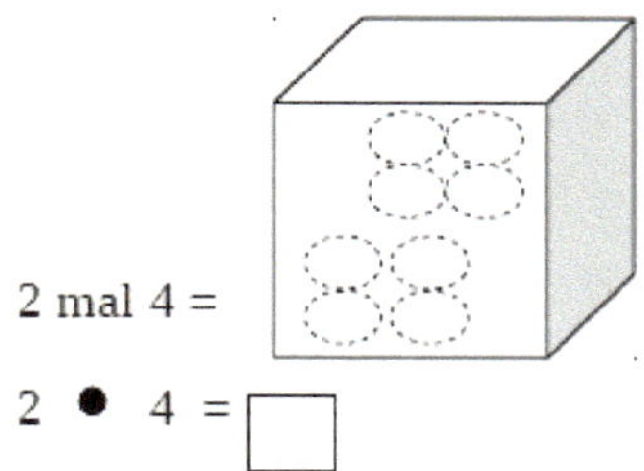

Paul lernt das Einmalzwei.

Einmal Zwei

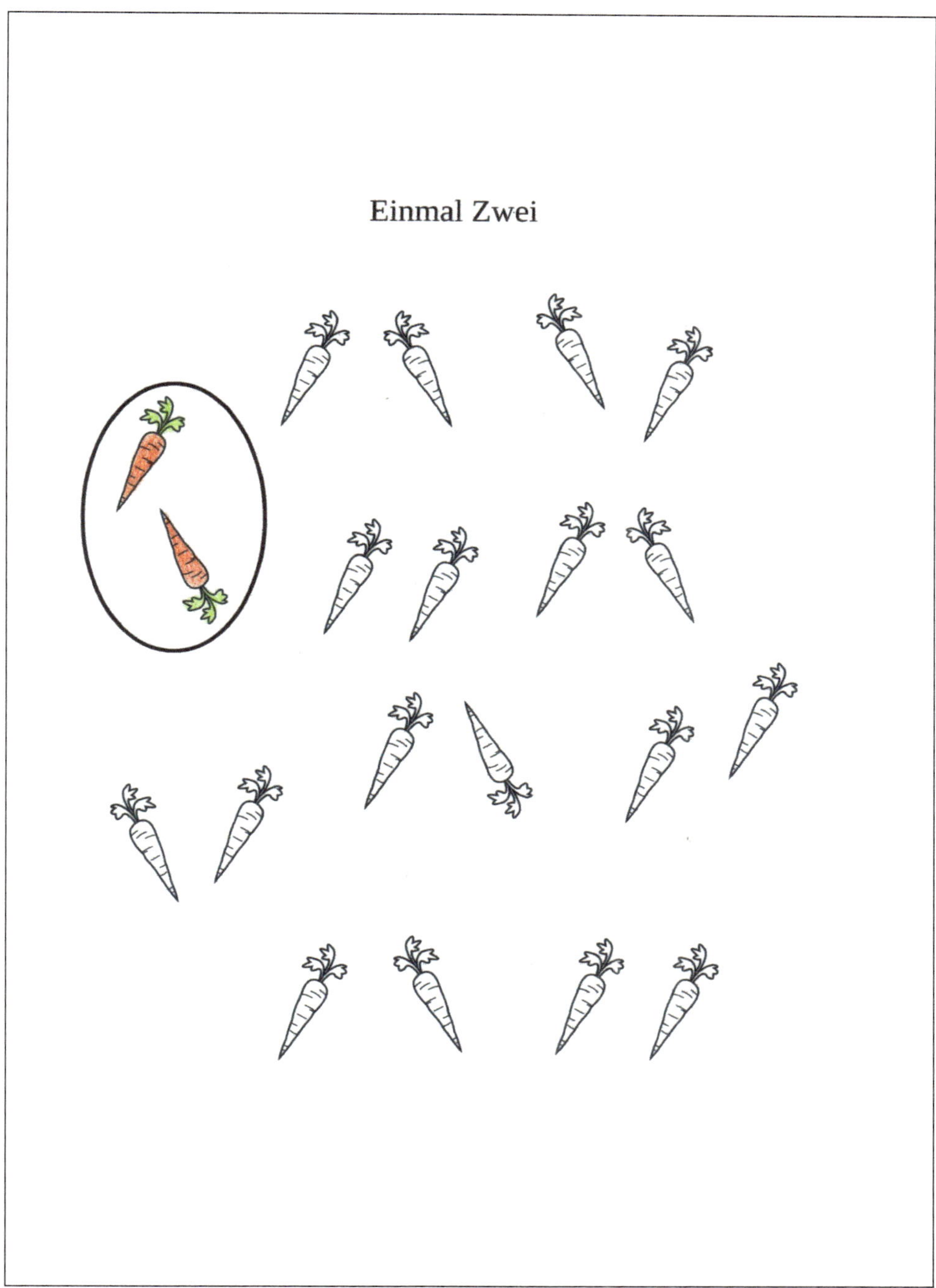

Über den Kästen steht eine Ziffer. Kreise ein.

2

3

1 x	● ●	=	
2 x	● ●	=	
3 x	● ●	=	
4 x	● ●	=	
5 x	● ●	=	
6 x	● ●	=	
7 x	● ●	=	
8 x	● ●	=	
9 x	● ●	=	
10 x	● ●	=	

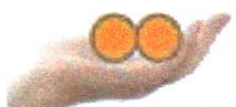

1 x	2	=	
2 x	2	=	
3 x	2	=	
4 x	2	=	
5 x	2	=	
6 x	2	=	
7 x	2	=	
8 x	2	=	
9 x	2	=	
10 x	2	=	

Wie wichtig es ist den Schülerinnen den Sinn einer Aufgabe zu vermitteln, beschreibt Ralf Fingerhut.
Er will von mir wissen, was Bündel und Stückzahl bedeuten.
Ich frage ihn: „Wie hat euch die Lehrerin erklärt, was ein Bündel ist?"

„Die Lehrerin hat die Kullern angemalt und hat gesagt, sie bündelt.
Das hatte ich damals nicht verstanden, dass sie Kullern in einen Kreis gezeichnet hat."
Ralf erinnert alle nur denkbaren Formen, wie in der Schule der Begriff Bündel zeichnerisch dargestellt wurde.
Unvergessen und unbewältigt.
Alle Zeichnungen ergaben für ihn keinen Sinn.
Er sah nur Kullern.

Ich sage:
„Karotten kaufen wir meist gebündelt. Stell dir vor, dass du fünf Karotten zu einem Bund bündeln musst.
Zeichne das doch einmal auf. Du hast fünf Stück Karotten, bindest ein Band herum - dann hast du ein Bündel mit fünf Karotten."

„Fünf Stück Karotten zu einem Bund."

Dann malt Ralf: „Fünf Stück Radieschen zu einem Bündel.“

„Jetzt zeichnest du ein Bündel mit vier Apfelsinen. Du steckst vier Stück Apfelsinen in ein Netz.

Dann malst du noch ein Bündel mit sechs Stück Apfelsinen.

Dann noch ein Bündel mit acht Stück Apfelsinen.“

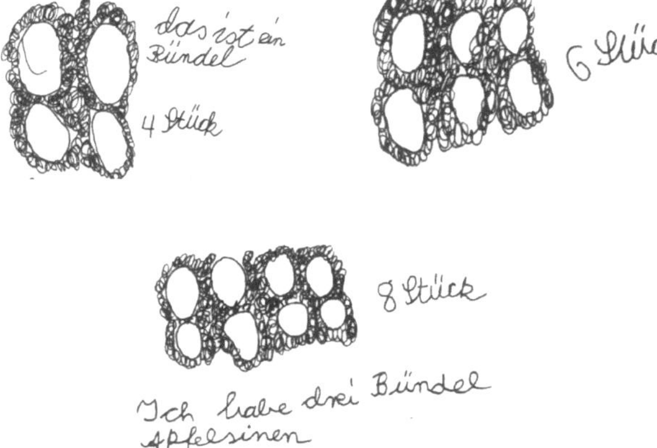

Ralf malte die Netze mit den Apfelsinen mit größter Sorgfalt.

Fast fünfzehn Jahre musste er warten, um die unbewältigte Aufgabe in ein paar Minuten zu lösen

(s.o., S. 44).

Die **Subtraktion**

Paul, Katja und Grauhörnchen essen eine Salzstange.

Wie viele Salzstangen lagen vorher auf dem Teller?

Die Aufgabe heißt:

Frage: ? - 3 = 4

Lösung: 7 - 3 = 4

Wie viele Salzstangen bleiben übrig?

$7 - 3 = \square$

$7 - 4 = \square$

$7 - 5 = \square$

Weißhörnchen gibt den Kindern Hausaufgaben auf:

Paul löst die Aufgaben:

3 – 1 =

3 – 2 =

4 – 2 =

5 – 1 =

5 – 3 =

Das Sparschwein hilft ihm dabei.

Zu Hause füllen sie die Arbeitsblätter aus.

Luise denkt über die Aufgabe

„Oma Grete hat 10 Euro im Portemonnaie. Gerda nimmt 2 Euro raus“ nach.

Sie sagt:

„10 weg 2 ist 8 Euro für Oma Grete und ist gleich 2 Euro für Gerda.“

Das ist **richtig.**

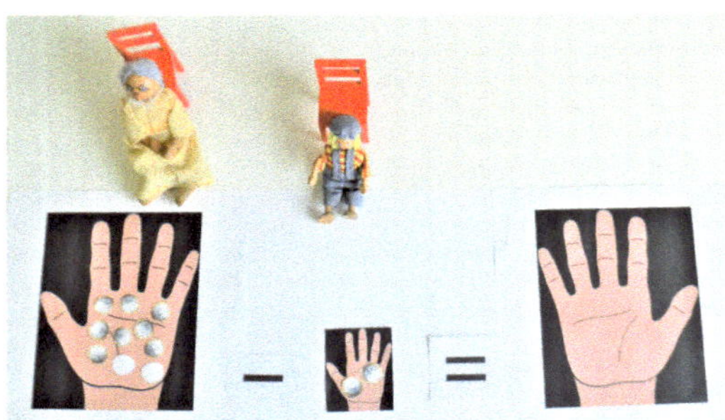

Sie schreibt: $10 - 2 = 2$

Doch das ist nicht richtig.

Ich erkläre ihr die Aufgabe dann noch einmal.

„Oma Grete hatte 10 Euro in der Hand. Nun nimmt Gerda zwei Euro. Gerda hat nun zwei Euro in ihren Händen.
Danach schaut Oma Grete wieder in ihre Hände. Jetzt hat sie nur noch 8 Euro in ihren Händen.
Wir spielen die Aufgabe. Ich fotografiere das Spiel.
Nun sagt Luise: „Oma Grete hatte 10 Euro in der Hand. Dann nimmt Gerda 2 Euro weg.
Dann guckt Oma Grete wieder in ihre Hände. Da sind nicht mehr 10 drin. Da sind nur noch 8."

Sie lernt, dass die Handlung auf der linken Seite der Aufgabe stattfindet und dass das Ergebnis hinter dem Gleichheitszeichen steht.
Sie schreibt:

10 Oma - 2 Luise = ?

8 = 8 hat Oma

Wir haben die Subtraktion mit einem Sparschwein, in dem das Geld aus den Augen verschwindet, geübt.

Danach haben wir die Aufgabe mit einem Foto des Sparschweins und mit aufgemalten Händen geübt.

In dem symbolisierten Sparschwein ist ein Schlitz, der ist ein Strich wie das Minuszeichen.

Im Minuszeichen verschwindet das Geld aus den Augen. Das verstehen die Kinder sofort.

Jon rechnet:

$$1 - 1 = 0$$

Die Lehrer fertigen Arbeitsblätter für die Kinder an z.B.

Wie viele Narzissen bleiben in der Vase?

$5 - 0 =$ ☐

$5 - 1 =$ ☐

$5 - 2 =$ ☐

$5 - 3 =$ ☐

$5 - 4 =$ ☐

Wie viele Euro bleiben liegen?

$5 - 1 =$ ☐

$5 - 2 =$ ☐

$5 - 3 =$ ☐

$5 - 4 =$ ☐

$5 - 5 =$ ☐

Wie viele Euro sind im Sparschwein?

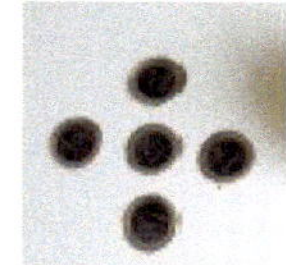 –  =

$5 - \square = 3$

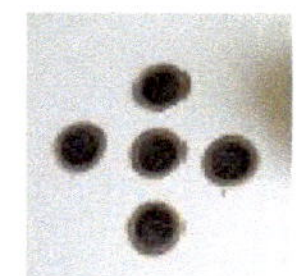 –  = 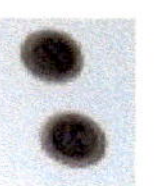

$5 - \square = 2$

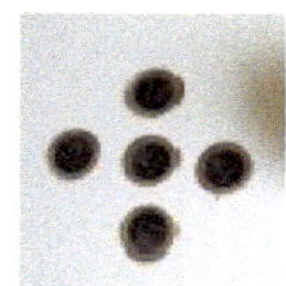 –  =

$5 - \square = 1$

Von Ralf habe ich gelernt, dass wir beim Abziehen begreifen, dass wir uns zum Nullpunkt hinbewegen und dass wir an das Ende denken müssen.
„Das Abziehen verbraucht erheblich mehr Energie als das Zusammenzählen. Beim Abziehen kommt man immer mehr auf den Nullpunkt, man denkt an das Ende“ (s.o., S.75).

Als ich ein Kind war, war ein Eis am Stiel etwas ganz besonderes.
Ich schmecke, wie es auf der Zunge zergeht. Ich sehe, dass es weniger und weniger wird. Der Stiel wird sichtbar. Ich schlecke ganz langsam.
Ich weiß, gleich ist es vorbei und es wird lange dauern bis zum nächsten Eis.
Die Subtraktion bestimmte meine Kindheit. Meine Mutter bekam 120,- DM Rente für sich und uns drei Kinder. Sie teilte das Geld am Anfang des Monats ein. 120 minus Miete, minus Strom, minus Essen. Eine Mark für ein Mittagessen reichte für vier Rollmöpse, für vier Frikadellen.
Einmal sagte sie: „Wir sind nicht arm. Ich spare jeden Monat. Ich habe ein kleines Konto.“
Ich konnte schon vor der Schule lesen.
Ich las die Geschichte von Kathryn Forbes „Mamas Bankkonto“.
In der Geschichte hatte die Mutter gar kein Konto.

Albert musste als Lehrling schon mit 13 Jahren selbst mit seinem Geld wirtschaften. In der letzten Woche im Monat kochte er sich jeden Tag Vanillepudding. Heute isst er am liebsten Vanilleeis.

Als ich in der Schule die Zinsrechnung lernte, sagte mein Lehrer, dass das Geld für uns arbeitet. Ich wusste als Kind ganz genau, dass das Geld für uns nicht arbeitet, sondern dass Opa als Maurer für uns arbeitet für 50 Pfennig die Stunde.

Für Ralf ist die Addition ein Problem. Er erklärt es mir. Es gibt Menschen, die wollen mehr und mehr auf ihrem Sparbuch. Doch keinem Menschen, ob er viel oder wenig hat, bleibt das Ende erspart.

Die **Addition**

Vielen Kindern fällt die Addition schwer. Sie sehen keinen Sinn in der Summe.
Wenn ich z.B. frage: „Weißt du wie viel 3 + 4 ist?“,
legen sie die drei Dinge in ein Gefäß und noch vier weitere Dinge.
Dann zählen sie z.B. wie viele Kartoffeln im Topf, Blumen in der Vase oder Früchte in der Schale sind.
Sie sagen „sieben.“

Wenn ich zu Carl, 6 Jahre alt, sage: „Rechne die Aufgabe 2 + 3.“
Dann zählt er zwei grüne Kugeln und drei orangene Kugeln in ein Glas. Nun sagt er: „Fünf“. Ich sage „Schreib die Fünf hinter das Gleichheitszeichen.“
Er versteht nicht, was das soll.
Er kann nicht akzeptieren, dass die Handlung zwei Kugeln und drei Kugeln mit der Summe 5 gleichgesetzt wird und was es mit dem Gleichheitszeichen auf sich hat.

Ich erkläre die Aufgabe:

„Es sind nun 5 Kugeln im Glas."

Nun schreibe ich das Handlungszeichen „gleich" dahinter.

2 + 3 =

Er sagt: „Ich brauche noch ein Glas. In dem Glas müssen auch fünf Kugeln sein. Er ist zufrieden.

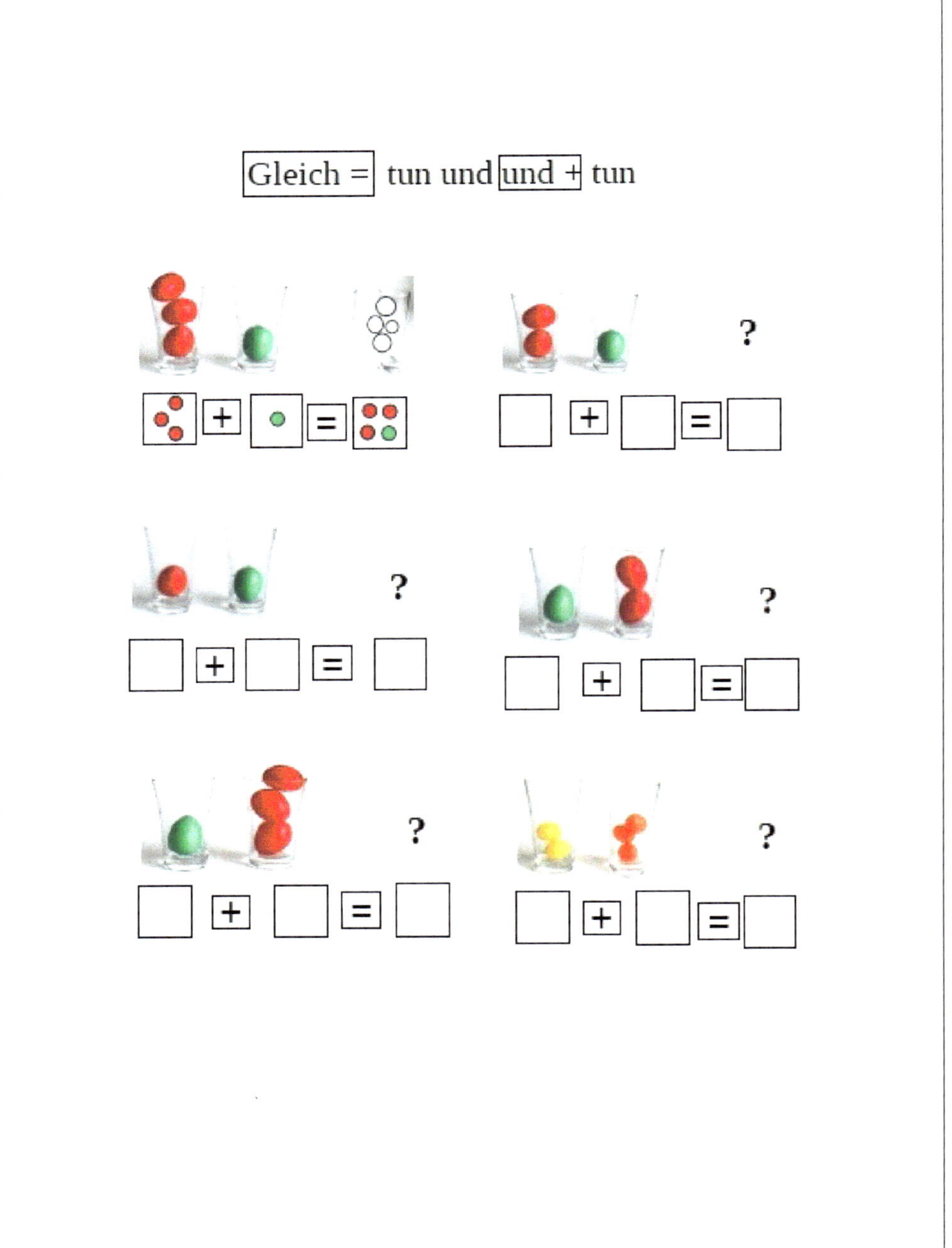
Gleich = tun und und + tun
+
=
?
+
=
?
+
=
?
+
=
?
+
=
?
+
=

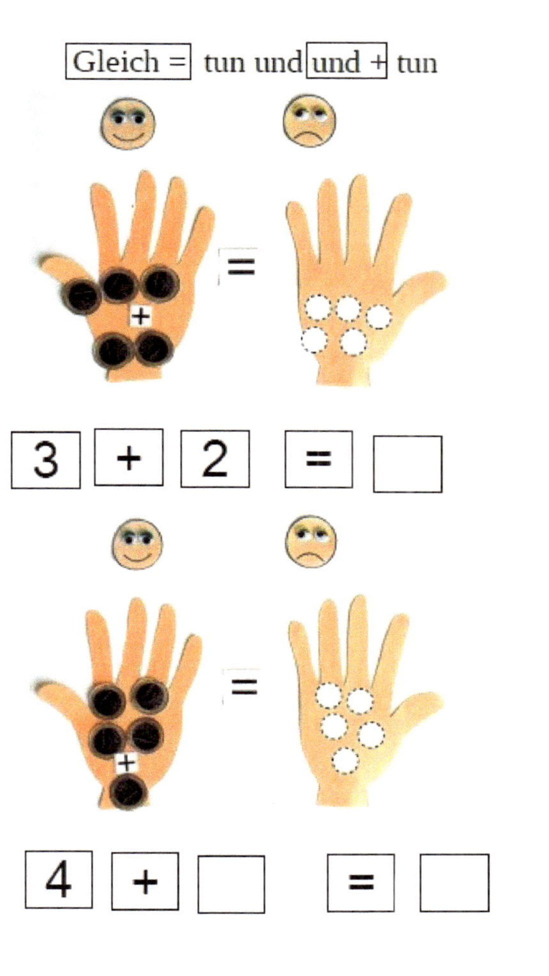
Gleich = tun und und + tun
+
=
3 + 2 =
+
=
4 + =

Damit alle Kinder die Aufgaben lösen können, werden sie auch als Symbole angeboten. Kinder, die Ontogenetischen Mathekarten oder Steinchen benötigen, bekommen diese.

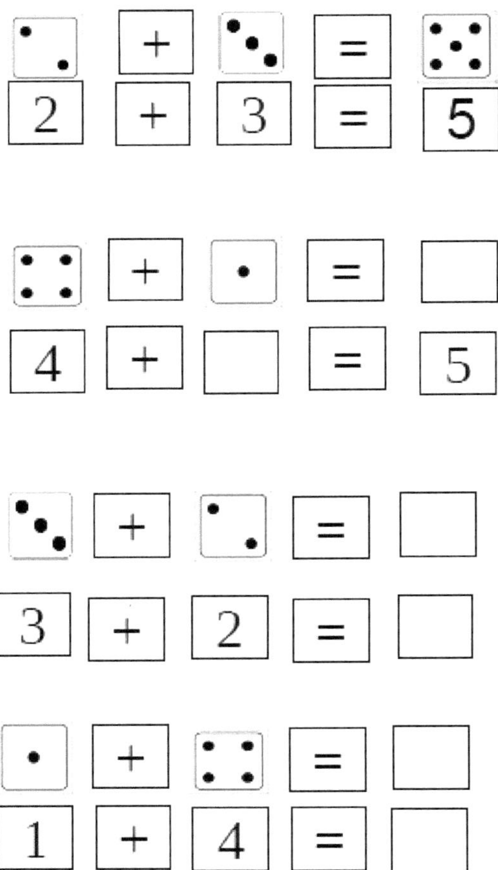

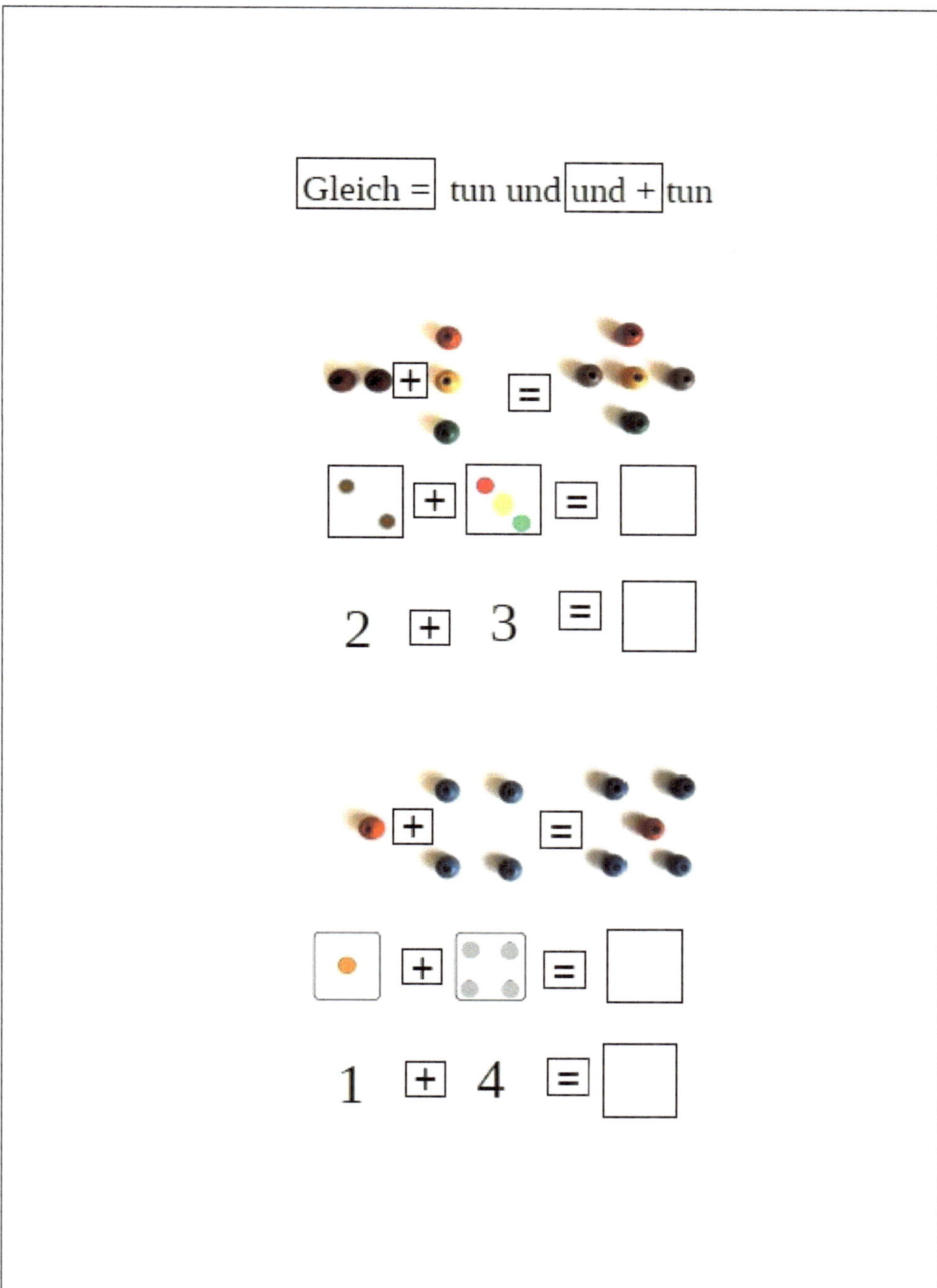
Gleich = tun und und + tun
+
=
+
=
2 + 3 =
+
=
+
=
1 + 4 =

Ralf sah im Zusammenzählen in erster Linie den Sinn „dem Mammon“ zu dienen.
Menschen, die sich vom Geld beherrschen lassen, sind in Gefahr zu vergessen, „dass der Mensch mehr wert ist als Geld.“ Das Zusammenzählen hatte für Ralf kaum eine praktische Bedeutung. Geld konnte ihn nicht glücklich machen. Geschenke lehnte er ab. Er wollte auch nicht sparen, um sich etwas zu kaufen. Er wollte nur etwas Richtiges lernen (s.o., S. 74).

Ein **Unterrichtsbeispiel aus dem inklusiven Unterricht**

Wir haben oben gezeigt, wie Paul das Bündeln gelernt hat. Wir nehmen diese Arbeit als Beispiel für den inklusiven Unterricht.

Die Kinder des ersten Schuljahres lernen im inklusiven
Mathematikunterricht das
Einmalzwei:

Ich habe für diese Stunde Karotten und Radieschen mitgebracht.
Ich habe Arbeitsblätter angefertigt, auf denen Karotten oder Radieschen abgebildet sind.
Die Aufgabe besteht darin, immer zwei Stück Karotten oder Radieschen zu bündeln.
Ich habe Arbeitsblätter angefertigt, auf denen die Aufgaben als Ziffern abgebildet sind.

Der **Unterrichtsverlauf:**

Während **einer Unterrichtsstunde** werden **vier Stufen der Ontogenese** angeboten.

Stufe **Säugling**

Das gemeinsam geteilte **Schmecken**

Alle Kinder bekommen ein Radieschen und ein Stückchen Karotte.

Alle Kinder kommunizieren das Schmecken auf unterschiedliche Weise. Jan spricht noch keine Wörter. Doch es ist ihm möglich, das: „MMM“ zu lautieren. Dabei hält er die geschlossene Hand an die Lippen. Wichtig ist die Verständigung. Er kann sagen, dass ihm die Karotten und die Radieschen schmecken.

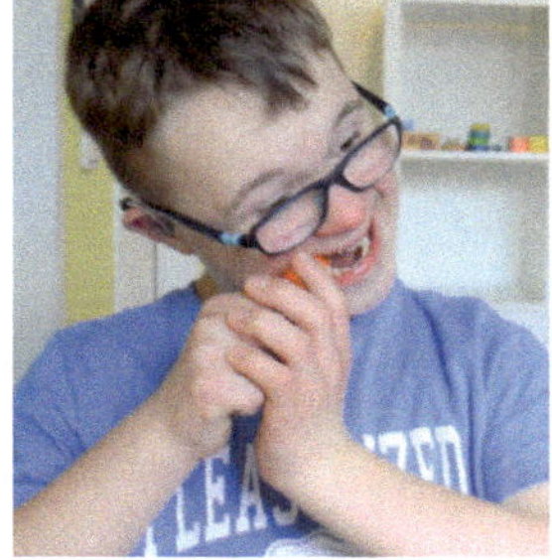

Stufe **Kleinkind**

Der gemeinsam geteilte **Werkzeuggebrauch**

Die Kinder waschen, schälen und schneiden die Karotten.
Paul wäscht die Karotten, schneidet das Grüne ab und putzt sie.
Einige Kinder schälen sie mit einem Spargelschäler.
Dann schneiden sie sie mit unserer Hilfe in Stückchen.
Jenny wäscht die Karotten mit einem Schwamm, den kann sie besser halten als die Gemüsebürste. Wir helfen ihr beim Schälen und Schneiden.
Mit etwas Öl, Zucker, Zitronensaft, Salz und Pfeffer machen die Kinder einen Salat.

Paul bündelt Karotten im Wahrnehmungsfeld.

Stufe **Vorschulkind**

Das gemeinsam geteilte **Symbolisieren**

Nachdem Paul die Karotten im Wahrnehmungsfeld gebündelt hat, malt er die Bündel auf, das heißt er symbolisiert sie. Beim Malen kommen sie als Bilder, das sind Symbole zur Vorstellung d.h. als Gedächtnisspur in sein Frontalhirn.

Danach malen die Kinder selbstständig weitere Arbeitsblätter aus.

Sophia ist 5 Jahre alt. Sie bündelt Orangen und Tomaten.

Emil, 3 Jahre alt, kann noch nicht mit dem Stift zeichnen.

Er knetet kleine Zitronen und bündelt sie in Papiertäschchen.

Er bekommt dann das Arbeitsblatt, das die anderen Kinder auch bekommen haben.

Er klebt nun die gekneteten Zitronen in die aufgezeichneten Bündel.

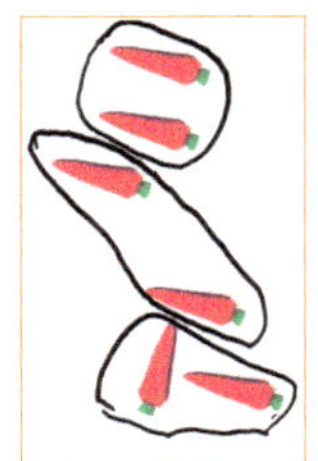

Stufe **Schulkind**

Das gemeinsam geteilte geistige Handeln mit **Zeichen**

Bei einem Test werden Arbeitsblätter unterschiedlicher Entwicklungsstufen angeboten.

Die Kinder suchen aus, was sie sich zutrauen. Wenn sie möchten bekommen sie Hilfe von der Lehrerin. Jedes Ergebnis wird gewürdigt.

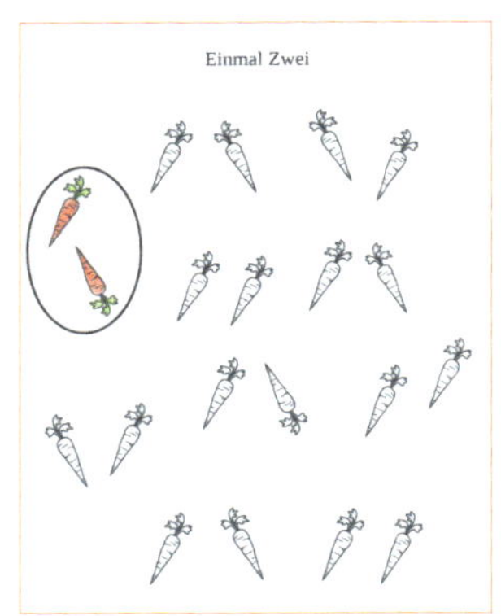

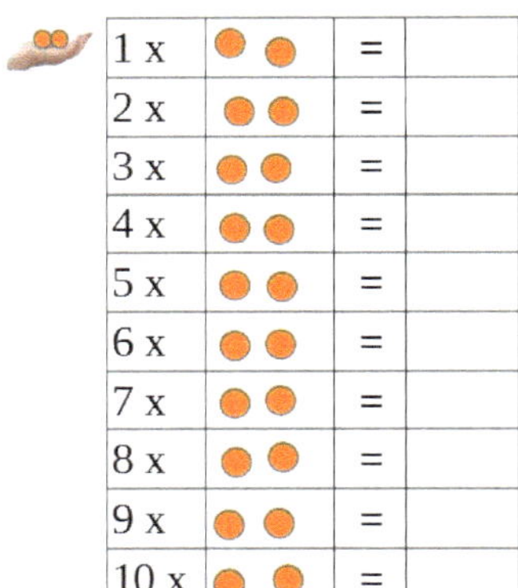

1 x		=	
2 x		=	
3 x		=	
4 x		=	
5 x		=	
6 x		=	
7 x		=	
8 x		=	
9 x		=	
10 x		=	

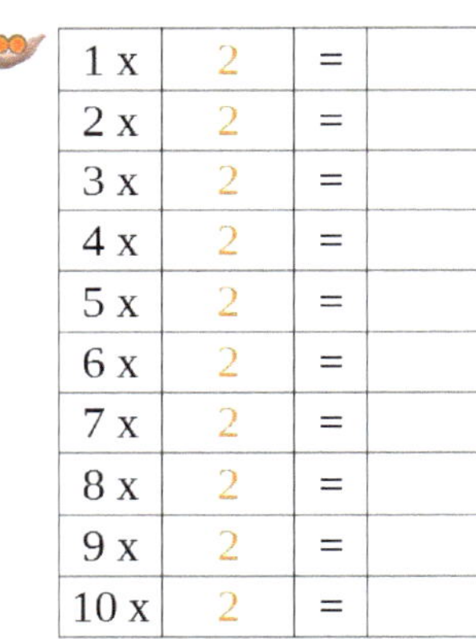

1 x	2	=	
2 x	2	=	
3 x	2	=	
4 x	2	=	
5 x	2	=	
6 x	2	=	
7 x	2	=	
8 x	2	=	
9 x	2	=	
10 x	2	=	

Das Dividieren, das Subtrahieren und das Addieren wird ebenso in den vier Stufen der Ontogenese erarbeitet. Da die Kinder alle Voraussetzungen gelernt haben, die für das Lösen der mathematischen Gleichungen notwendig sind, lernen sie die vier Grundrechenarten problemlos in der Primarstufe.

Die **Entdeckung des Zehners**

Die Kinder lernen den Zehner auf unterschiedliche Weise herzustellen.

Sie bauen ein Zehner Boot.

Sie bündeln Streichhölzer.

Sie tauschen zehn 1 Cent Münzen gegen eine 10 Cent Münze .

Sie arbeiten mit den Cuisenaire Stäbchen.

Sie bauen Türme.

Mache aus zehn Einern einen Zehner.

Suche die zehn Einer und tausche sie gegen einen Zehner.

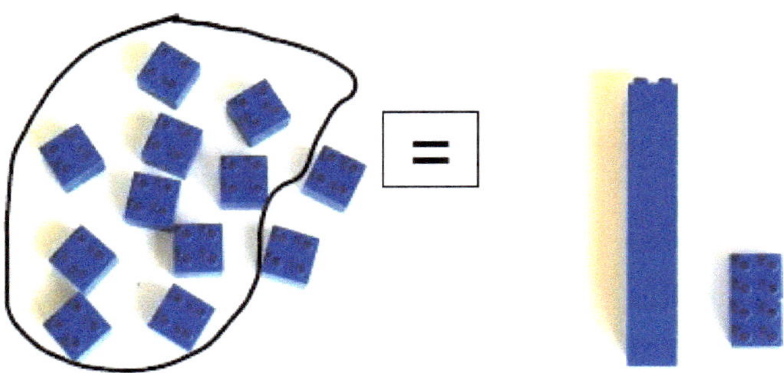

Zehn Einercent sind ein Zehnercent.

 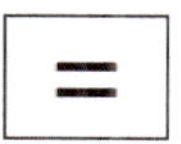 

Suche zehn Einercent und tausche sie gegen einen Zehner.

 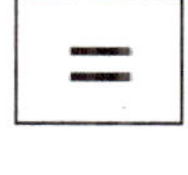 

Piraten Rechnung

1 Kiste Gold	20,-€
1 Kiste Gold	10,-€
1 Kiste Gold	10,-€
4 Steine	4,-€
2 Steine	2,-€

46 Euro

Das **Zerlegen**

Um den Zehnerübergang zu vollziehen, lernen die Kinder vorher das Zerlegen der Mengen bis fünf.

Lehrer Weißhörnchen erklärt den Kindern das Zerlegen der Menge Fünf.

Einige Kinder hatten keine Probleme die Menge fünf zu zerlegen.

Wenn in ihrer einen Hand vier Cent lagen, wussten sie sofort, dass in der anderen Hand ein Cent liegen muss.

Michel, 9 Jahre alt, versucht die Aufgabe zu lösen: $4 + ? = 5$

Er rät: „Sieben, Neun."

Mona zeigt ihm das Ergebnis.

Michel flüstert: „Ich kann das nicht."

Nun rechnet er die Aufgabe: 3 + ? = 5 im Wahrnehmungsfeld mit Hilfe der Ontogenetischen Mathekarten.

Wie sinnvoll die Ontogenetischen Mathekarten sind,
zeigt sich bei Kindern, die sich keine Mengen im Kopf vorstellen können.

Michel löste die Aufgabe
3 + ? = 5
immer nur Wahrnehmungsfeld mit Hilfe des einerweisen Zählens.
Doch nun lernt er sie auch im Kopf zu konstruieren.
Michel hat eine Vorstellung von der Ampel.
Ich sage: „Schließe die Augen. Siehst du die Ampel? Wie viele Kreise hat die Ampel?“
Er antwortet: „Drei.“ Manchmal tippt er noch mit dem Finger gegen die Stirn.
Mona stellt ihm die Aufgabe: „Wie viele Cent habe ich in der geschlossenen Hand?“
Er sieht die drei Cent in der einen Hand.
Dann sagt er zu sich selbst: „Ampel“.
Er zählt mit geschlossenen Augen. Ich nehme an, dass er nun die Kreise der Brille sieht.
Er sagt: „Ampel sind drei und noch Brille sind zwei.
Das sind fünf.
Du hast zwei Cent in der Hand.“

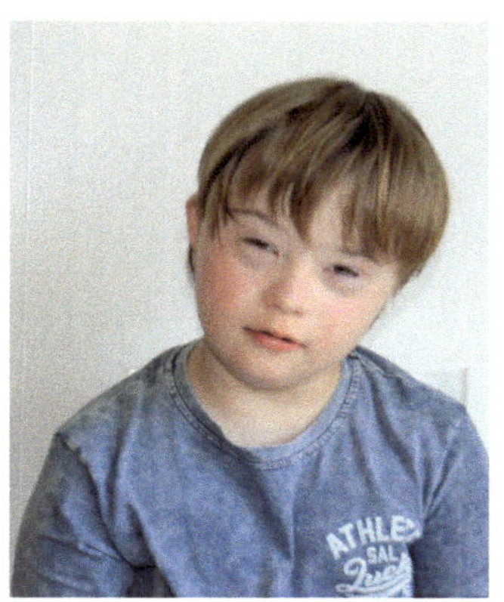

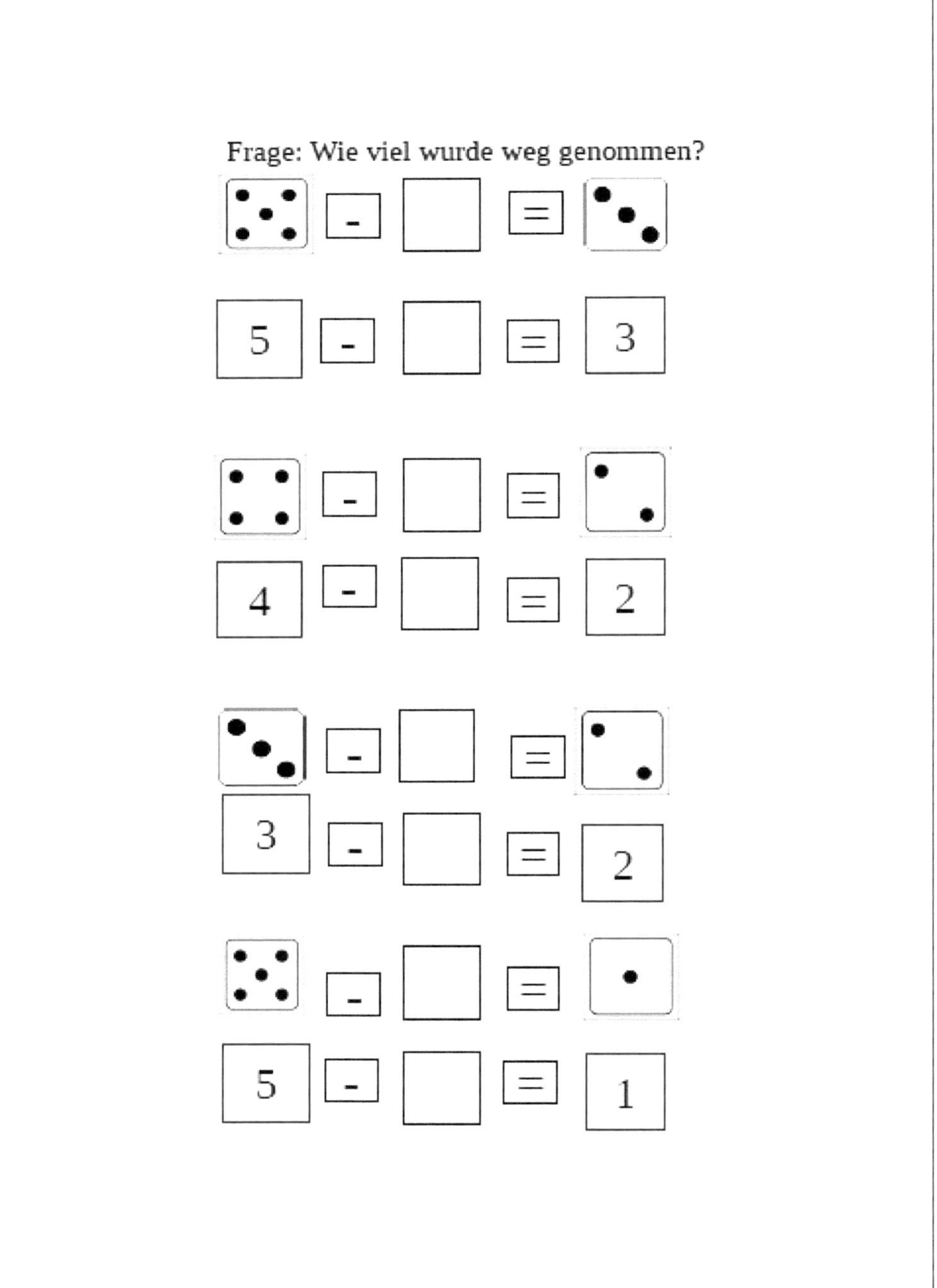
Frage: Wie viel wurde weg genommen?
-
=
5
-
=
3
-
=
4
-
=
2
-
=
3
-
=
2
-
=
5
-
=
1

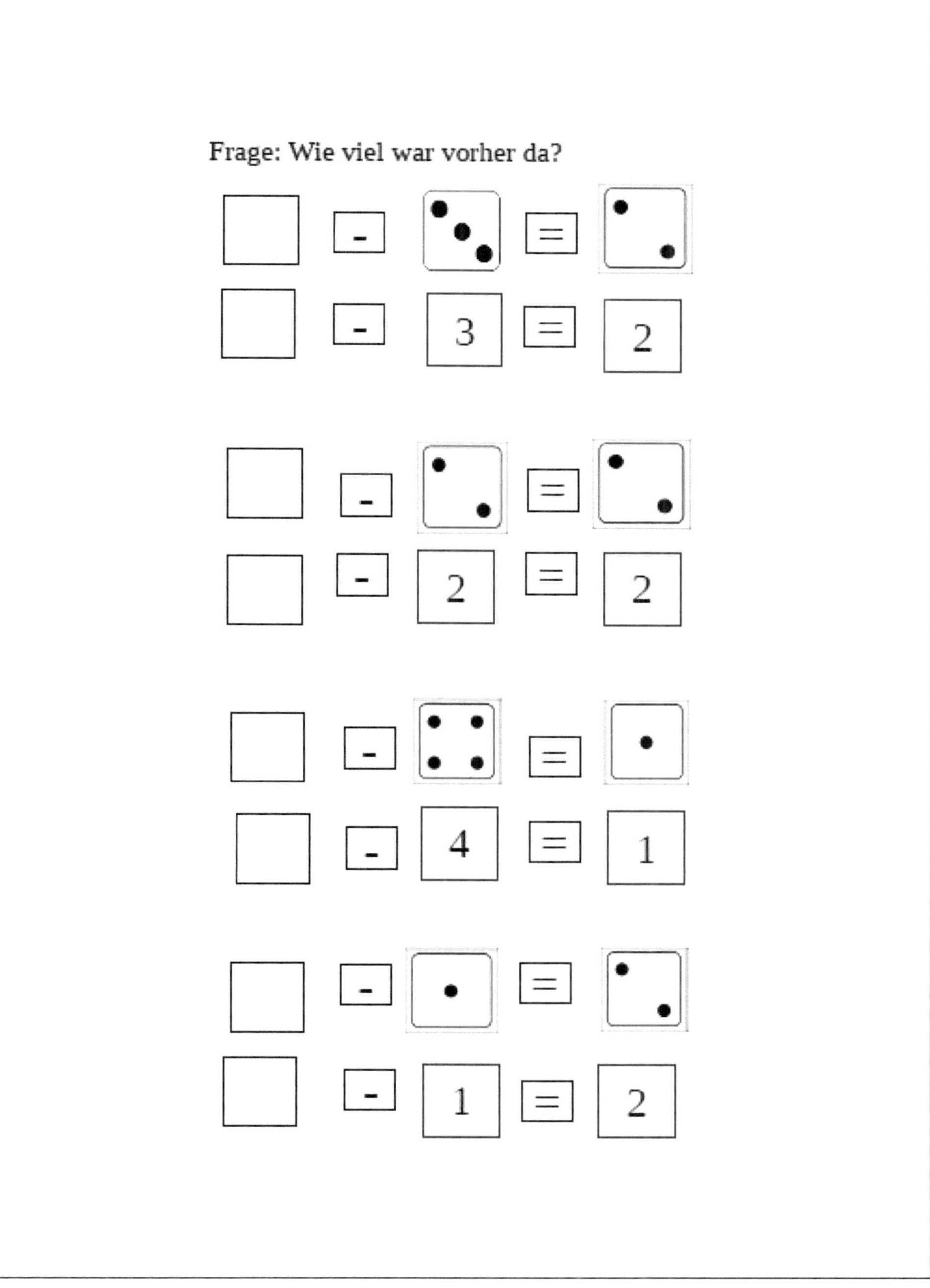
Frage: Wie viel war vorher da?
-
=
- 3 = 2
-
=
- 2 = 2
-
=
- 4 = 1
-
=
- 1 = 2

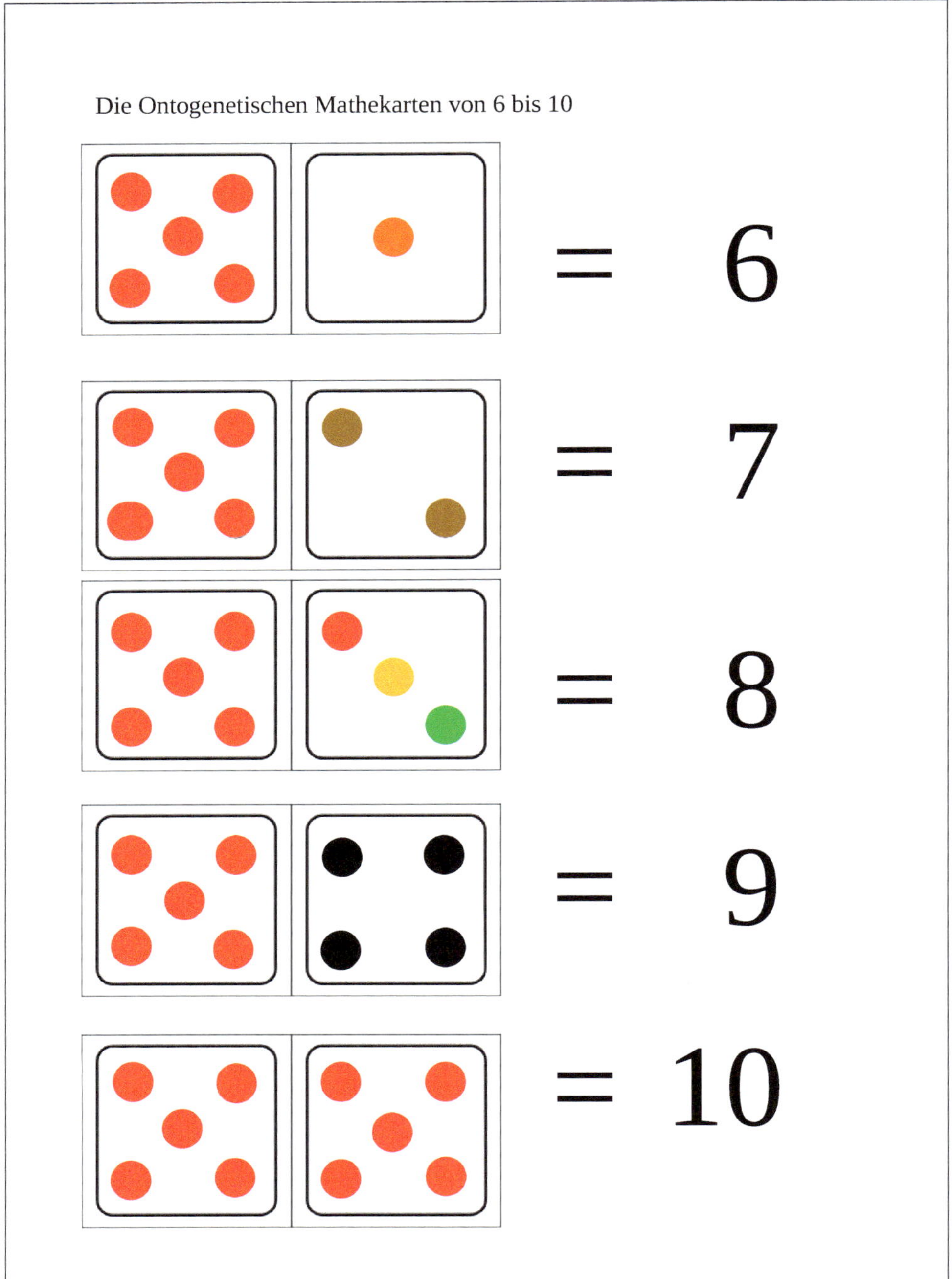
Die Ontogenetischen Mathekarten von 6 bis 10
= 6
= 7
= 8
= 9
= 10

Das **Zerlegen eines Zehners**

Michel hat gelernt, den Zehner zu zerlegen.

Mona kauft Eier, Croissant, Kartoffeln und Milch.

Michel tippt den Preis in die Kasse. Es kostet 6 Euro.

Mona bezahlt mit einem 10 Euro Schein.

Michel nimmt den 10 Euro Schein.
Er öffnet die Kasse.
Dann gibt er 4 Euro zurück.
Michel legt den 10 Euro Schein in die Kasse.
Mona zählt nach.

Ralf beschreibt seinen Schmerz, dass er sich Mengen nicht vorstellen kann: „Ich stellte fest, dass ich Schwierigkeiten hatte. Ich hatte Schwierigkeiten im Vorstellungsbereich.
Ich machte mir ständig Illusionen. Ich konnte die Gedankenberge nicht abbauen. Deshalb geriet ich in träumerische Impulse.
Ich wollte ja selbst Staub zählen, um das Rechnen zu lernen. So am Boden kriechen und Staub
sammeln“ (s.o., S.35).

Daher ist es notwendig, ihnen solange die Möglichkeit zu geben, sich diese Symbole in den Kopf zu malen, bis sie die Vorstellung der Mengen **automatisiert** haben.
Allerdings beobachten wir, dass die Kinder, wenn sie eine Aufgabe auf der Ebene von Ziffern lösen sollen, manchmal die Vorstellung der Symbole neu konstruieren müssen, wenn sie plötzlich Schwierigkeiten haben.
„Handlungen, die funktionelle Systeme darstellen, haben bei auftretenden Schwierigkeiten die Tendenz, sich zu entfalten. Führen sie jedoch mühelos zum Effekt, dann werden sie immer mehr verkürzt, bis sie misslingen; von diesem Zeitpunkt an werden die gehemmten Glieder wieder enthemmt, bis das System neu einwandfrei funktioniert.“ Aleksej N. Leontj‘ev 1959 Funktionelle Systeme in Thomas Kussmann: „Bewußtsein und Handlung“ Bern 1971.

Ralf Fingerhuts Gedanken zum Mathematikunterricht

„Man muss immer etwas dazu beitragen, um ein Lob zu kriegen – obwohl wir uns durch Lob abhängig machen.
Gerecht bedeutet meiner Ansicht nach, wenn gerecht verteilt wird, dass es keine Hungerkatastrophen gibt, keinen Alkoholismus, und die psychischen Krankheiten werden sich ausgleichen. Wir verstehen besser, mit unserer Gesundheit umzugehen und achten darauf, was im Kosmos ist. Wir lernen den Umgang mit Zierpflanzen und Gemüsepflanzen, wenn wir gerecht sind. Wir werden die Butterberge abbauen. Wir lernen erst, wie man gerecht behandelt wird und wie man Versprechungen einhält.

Wir sind doch alle auf dem Nullpunkt angelangt.

Unser Verstand ist doch viel zu klein, um das Evangelium zu begreifen. Das Evangelium der Gerechtigkeit. Jesus wird kommen – als Herr der Flamme – als Flamme der Gerechtigkeit. Er sorgt für Gerechtigkeit und Weisheit, indem wir Fortschritte machen – dass wir die Natur nicht zerstören. Dass wir gerecht gegen die behinderten Menschen sind. Ich habe zuerst Hannelore (Hannelore war eine Klassenkameradin Ralfs, die auf den Rollstuhl angewiesen ist) geschoben, das war am Anfang eine Spazierfahrt, dann wurde es ein Auftrag für mich.

Lehrer sollen wissen, dass es beim Rechnen nicht auf das Üben ankommt, sondern auf die Gemeinschaft, dass man den Kindern helfen soll.

So, wie z. B., wenn wir lernen, beim Rechnen Gerechtigkeit auszuwirken.
Sie machen Mut zu lernen.
Weil Sie im Innern doch an Gott glauben, der Ihnen die Weisheit dazu gibt, wie man besser lernt, wie man es besser macht. Ihre Natur ist etwas freier, sie brauchen nicht zu suchen, weil Sie eine Lernbindung aufbauen, so dass das Wissen von einer Quelle stammt, von der Lebensquelle.
Ich komme über meine Grenzen hinaus – das merke ich. Dann habe ich wieder etwas dazu gelernt.
Allein irrt der Mensch in der Finsternis.
Wenn er sich etwas Falsches eingeprägt hat, wie soll er sich davon befreien?" (s.o., S. 71).

Ralf Fingerhut Christel Manske : „Ich war behindert an Hand der Lehrer und Ärzte." Reinbek 1984.
Neue erweiterte Auflage; Christel Manske: „Epilepsie – Protokoll einer Heilung" Berlin 2013.

Ralf Fingerhut war zwanzig, als er zu mir in die Praxis kam. Er arbeitete in einer Werkstatt für
Menschen mit geistiger Behinderung. Aus einem psychologischen Gutachten ging hervor, dass er kein Rechenzentrum hat. Er litt an epileptischen Anfällen. Nachdem er den **Sinn und die Ethik der Mathematik** für sich entdeckt hatte, lernte er nicht nur die vier Grundrechenarten, auch das Zellverhalten, das die epileptischen Anfälle ausgelöst hatte, lernte um, so dass er nie wieder epileptische Anfälle bekam und ohne Tabletten leben konnte.

Von Ralf Fingerhut habe ich gelernt Kinder, die nach ihm in meine Praxis kamen und die wie er als geistig behindert eingestuft worden waren, mit anderen Augen zu sehen.
Zwei Jungen haben Abitur gemacht und ein Junge und ein Mädchen Hauptschulabschluss.

Von ihm habe ich gelernt, wie schmerzhaft es ist das Rechnen nie zu lernen und ein Leben lang abhängig von einem Vormund zu sein. Jedes Kind hat ein Recht Rechnen zu lernen und die Aufgabe der Pädagogen ist es ist es nichts unversucht zu lassen, dass wir dieser Herausforderung zunehmend genügen.

Die **Essenz**

Lev S. Vygotskij hat darauf hingewiesen, dass Kinder auf unterschiedlichen psychologischen Entwicklungsstufen in einer scheinbar für alle Kinder gleichen Unterrichtssituation ganz unterschiedliche Erfahrungen machen.

Es geht im inklusiven Unterricht darum, dass die Jungen und Mädchen auf unterschiedlichen psychologischen Entwicklungsstufen gemeinsam eigene Entdeckungen machen und diese miteinander kommunizieren.
Die Lehrer haben sich nicht zum Ziel gesetzt, dass am Ende einer Stunde alle das Gleiche gelernt haben und alle das Gleiche denken, sondern dass am Ende einer Unterrichtsstunde
die unterschiedlichen Erfahrungen und Ergebnisse kommuniziert werden.

Lev S. Vygotskij ist der Auffassung, dass nur im guten Unterricht das Lernen der Entwicklung vorausläuft. Wenn ein Kind in einer Unterrichtsstunde Entdeckungen gemacht hat, wenn es
in der Gemeinschaft mit den anderen Kindern glücklich ist, wenn es Anerkennung erfährt, dann ist es am Ende der Stunde einen Kopf größer, als es zu Beginn der Stunde war.

Für Lev S. Vygotskij gibt es aus der Sicht der Lehrer vier Möglichkeiten des Lernens.
Ein Kind will und kann lernen.
Ein Kind will nicht lernen und kann nicht lernen.

Ein Kind will und kann nicht lernen.
Ein Kind kann und will nicht lernen.

Alle Lehrer wünschen sich Kinder, die wollen und auch können.
Am schwierigsten sind Kinder, die nicht können und nicht wollen.
Am ärgerlichsten sind die Kinder, die können und nicht wollen.
Am meisten sind die Kinder zu bedauern, die nicht können und wollen.

Im inklusiven Unterricht geht es den Lehrern darum, dass sich alle Kinder dem Lernen zuwenden wie die Blumen dem Licht.
Lev S. Vygotskij ist davon überzeugt, dass nicht die Kinder gut oder schlecht sind, sondern dass in erster Linie der Unterricht darüber entscheidet, wie sich die Kinder verhalten.

Wie muss ein Unterricht organisiert sein, der möglichst vielen Kindern das Lernen ermöglicht?
In einer Unterrichtsstunde sollte jedes Kind **alle Stufen der Ontogenese vom Säugling zum Schulkind** durchlaufen.
Das ist die Voraussetzung dafür, dass jedes Kind die Möglichkeit bekommt im Unterricht seine Empfindungen als Mitgefühl zu kultivieren, seine gemeinsam geteilte Tätigkeit mit den anderen Kindern als Bewusstsein von sich selbst zu kultivieren, seine Erinnerungen als Gedenken zu kultivieren und seinen Verstand vernünftig einzusetzen.
Das ist für das entwicklungsverzögerte Kind genauso sinnvoll wie für das hochbegabte Kind.

Eine Person zeichnet sich nicht dadurch aus, dass sie eine einzelne Fähigkeit zur Höchstform ausbildet, sondern, dass sie sich immer wieder neu in der Einheit aller ihrer Möglichkeiten vollendet.

Der Unterricht sollte jedem Kind erlauben, dass es seinen geheimen Tendenzen folgend die Anerkennung erfährt, die ihm ermöglicht, auf seine einzigartige Weise zu lernen.

Wir wissen, dass die biologische Metamorphose der Insekten vorsieht, dass aus dem Ei eine Raupe, aus der Raupe eine Puppe, aus der Puppe ein Schmetterling werden sollte.

Wir ahnen zutiefst, dass jedem Kind erlaubt sein sollte, unbehindert seine psychische Metamorphose zu durchlaufen, um so zu werden, wie es von dem Schöpfer aller Dinge immer schon gedacht wurde.

Das ist das große Geheimnis, in das wir als Pädagogen intuitiv eintauchen sollten.

Die
Schwanenseeschule
Christel Manske

Die Schwanenseeschule

Wer die Geschichte von der Entenlandschule (vgl. Christel Manske: Jenseits von Pisa. Lernen als Entdeckungsreise, S. 80. Berlin 2008) gelesen hat, weiß, wie es Strauß, Pinguin und Adler ergangen ist.
Sie sind durch die Prüfungen gefallen. Sie mussten die Schule verlassen.
Der Obererpel duldete nur Entenkinder.
„Alle das gleiche, alle das gleiche, gleiche, gleiche Ziel und das in Maßen, in Maßen, in Maßen."
Der Schwanenrektor begrüßte die bunte Vogelschar:
„Wir sind eine Vogelfamilie. Kein Vogel ist wie der andere. Jeder ist einzigartig. Der große Vogelgott wünschte sich die Vogelfamilie so bunt wie eine blühende Bergwiese im Sommer."
Dann bat er jeden Vogel, seine Träume zu erzählen.
Pinguin sprach als erster: „Ich möchte im Wasser Spiralen drehen."
„Pinguin, viel können wir von dir lernen", riefen die Vogelkinder.
Danach klapperte Storch: „Ich wate gern durch sumpfige Wiesen. Ich möchte lernen, einmal um den Erdball zu fliegen."
„Storch, viel können wir von dir lernen", jubelten alle.
Nun meldete sich Strauß zu Wort: „Ich möchte nur rennen, rennen und rennen."
„Strauß, viel können wir von dir lernen", klang es durch die ganze Schule.
Dann stellte sich die Nachtigall vor. Sie sang ihr schönstes Abendlied. Die Vogelkinder hörten andächtig zu und applaudierten:
„Nachtigall, viel können wir von dir lernen."

Adler sprach: „Ich möchte die Wolken unter mir sehen.“
„Adler, du wirst es schaffen“, piepste Pinguin.
Als sie ihre Träume vorgetragen hatten, sagte der Schwanenlehrer: „Wir beginnen jede Lernstunde mit der Stille. In der Stille versteht einer den anderen.“
Die Vogelkinder wurden so still, dass sie nur ihr Herz hörten, wie es pocht und pocht und pocht, ganz von allein.
Auf dem Traumstundenplan stand: „Die Entdeckung des Wassers.“
Pinguin war in seinem Element. Er übte Spiraldrehen und Saltos.
Der Lehrer lud Nachtigall ein, sich auf seinen Schwanenrücken zu setzen.
Storch watete am Seeufer.
Adler und Strauß wagten sich auf ein Floß auf den See.
Jedes Vogelkind machte sich auf seine Weise mit dem Wasser vertraut.
Pinguin, der das Wasser kannte, sehnte sich danach, einmal zu fliegen.
Für Nachtigall, Storch und Adler war es einfach, sich in die Lüfte zu schwingen.
Der Lehrer nahm Pinguin auf seinen breiten Schwanenrücken und kreiste mit ihm über den See.
Pinguin staunte, als er zum ersten Mal die Erde unter sich sah.
Als er allein durch die Luft purzelte und hilflos mit seinen kleinen Flügeln flatterte, ermutigte ihn sein Lehrer: „Großartig, wunderbar, kleiner Flieger.“ Platsch, landete er im See, in seinem Element. Strauß lernte in der Schule, im Traum mit seinen Freunden durch diese wunderbare Welt zu fliegen (Christel Manske: Das Down-Syndrom: Begabte Kinder im Unterricht, S. 86. Berlin 2011).

Vorworte

Foreword Professor A.N. Kritschewetz

Christel Manske addresses her book to educators who work with children who fail in mathematics lessons and also with children with Down syndrome and dyscalculia.
It is not a problem that some children dislike mathematics.
The problem is that many children do not get the opportunity to learn math lessons in such a way that they enjoy it.
There are more and more children who fail in mathematics lessons at school.
The author wants to do justice to these children with this book.
Compared to the past, there are fewer objects and causal relationships for the children in the modern world.
The children are increasingly experiencing the world on screen today.

As a result, the time gap between children's aims and the fulfilling of these is shortened through the use of tablets.
In principle, the media pretend to do the work that the children of earlier generations had to do to lay the foundations for the systematic learning of mathematical operations.
The constant lack of object-related, proto-mathematical activities means that mathematics is only experienced by children on the formal level.
There are children for whom this formal number is hardly attainable.
But there are also children who are quite capable of understanding numbers without objects.
The formal learning processes are based on highly technological systems.
These are integrated everywhere in everyday life.
However, the formal learning processes are currently unknown to many educators.

The question whether we accept these huge cultural changes and modify the mathematical education in schools and universities, remains open.

I think that many children do not have the opportunity to meet mathematics in such a way that they can fall in love with this science.

As a result, we may not have enough mathematics experts in the future to ensure the proper functioning of social systems in modern societies.

Whatever happens, the book by Christel Manske offers the opportunity to fill this gap.

It provides an adequate teaching model that aims to provide all children and educators with meaningful access to proto-mathematical math.

The ethical teaching of mathematics guides educators and children through the "main entrance" into the world of responsible use of mathematics.

In this day and age, the awareness of the mathematics teacher fades for their meaningful task.

Many children are less and less aware of the meaning of mathematics education for their lives.

There is a danger that the importance of mathematics for a humane society may be too late or unrecognized by the technicians of social systems.

A.N. Kritschewetz
Dr. Mathematics, Dr. Philosophy, Prof. Dr. Psychology of the Moscow State University

Resumen del profesor A.N. Kritschewetz

Christel Manske se dirige con su libro a los pedagogos y pedagogas que trabajan con niños y niñas que fracasan en el aprendizaje de las matemáticas, entre otros con niños con síndrome de Down y afectados por discalculía.

No es un problema si a algunos niños no les gustan las clases de matemáticas.

El problema es, a mi parecer, que muchos niños no tienen la oportunidad de experimentar el aprendizaje de matemáticas en una forma que les permita disfrutar de él.

Hay cada vez más niños que fracasan en la escuela en la asignatura de matemáticas.

Es para satisfacer sus necesidades que la autora escribió este libro.

A diferencia de antes, hay hoy en el mundo moderno pocos objetos y relaciones causales frente a los niños. Los niños experimentan el mundo hoy cada vez más en una pantalla.

Por consiguiente, el plazo entre las metas que persiguen los niños y su realización mediante los *tablets* se hace más corto.

En principio entonces, los medios crean la ilusión de realizar el trabajo que los niños de generaciones pasadas necesitaban ejercer a fin de establecer las bases para aprender sistemáticamente las operaciones matemáticas.

Puesto que faltan actividades de carácter proto-matemático en relación con objetos, la matemática es experimentada por los niños solamente en el plano formal de los números.

Hay niños que apenas logran captar este plano formal de números.

Pero hay niños que perfecctamente son capaces de captar los números sin ayuda de objetos.

Los procesos formales del aprender se basan en sistemas de elevado nivel tecnológico.

Estos están integrados en todas partes en la vida diaria.

Pero muchos pedagogos desconocen los procesos formales del aprendizaje.

No hay todavía una respuesta a la pregunta de si vamos a aceptar estos profundos cambios culturales y si por consiguiente modificaremos la formación matemática en las escuelas y universidades.
Pienso que muchos niños no tienen la posibilidad de tomar un contacto con las matemáticas que les permita enamorarse de esta ciencia.
Eso puede tener por consecuencia que en el futuro no tengamos suficientes expertos en matemäaticas que puedan garantizar un buen funcionamiento de los sistemas sociales.
Pero sea así o no, el libro de Christel Manske ofrece la oportunidad de llenar esa laguna.
Ofrece un modelo de aprendizaje que pretende posibilitarles a todos los niños y a todos los pedagogos un acceso adecuado a la matemática protomatemática.
La enseñanza ética de las matemáticas conduce a los pedagogos y a los niños al mundo de un uso responsable de las matemáticas a través de su "entrada principal".
En los tiempos actuales se desvanece en el profesor de matemáticas la conciencia de su tarea de darle sentido a su asignatura.
Debido a eso, muchos niños logran cada vez menos captar el sentido que tienen las clases de matemáticas para su vida.
Existe el peligro de que la importancia de las matemáticas para una sociedad humana no sea reconocida por los técnicos de los sistemas sociales o lo sea demasiado tarde.

A.N. Kritschewetz
Doctor en ciencias matemáticas, en filosofía y profesor de psicología en la universidad Lomonosov de Moskú.

Предисловие

Кристель Манске адресует свою книгу преподавателям, работающим с детьми, которым математика дается с трудом, в том числе, с детьми с синдромом Дауна и дискалькулией. Проблема состоит не в том, что многие дети не любят математику. Как мне представляется, проблема в том, что многие дети не имеют возможности обучаться математике так, чтобы это доставляло им радость. Число неуспевающих по математике детей постоянно растет. Именно ради таких детей автор и написала свою книгу.

По сравнению с прошлым, в мире современного ребенка стало меньше предметов и причинных взаимосвязей, - сегодня дети все чаще воспринимают мир с экранов. Использование разного рода устройств приводит к тому, что дистанция между возникновением у ребенка цели и ее достижением сокращается. Эти устройства (планшеты, калькуляторы и т.д.) берут на себя ту «черновую работу», которую дети прошлых поколений должны были проделывать сами, чтобы заложить основы для последующего систематического изучения математических операций. Постоянный «недобор» предметной, прото-математической деятельности приводит к тому, что арифметика усваивается в большей степени на формально-числовом уровне, чем на предметно-счетном. Для многих особых детей формально-числовой уровень вообще может оказаться недоступным, для других он может развиваться в отрыве от предметно-счетного. Формальные обучающие процессы основываются на использовании высоко технологизированных систем, повсеместно встроенных также в нашу повседневную жизнь. Вопрос о том, можно ли спокойно принять этот значительный культурный сдвиг и перестраивать образование в школе и вузах, принимая изменение форм усвоения математики как должное, остается открытым. Как мне кажется, многие дети сегодня просто не имеют возможности встретиться с математикой так, чтобы полюбить ее, а это может привести даже к тому, что воспроизводство математиков не будет достаточным для функционирования социальной структуры будущего.

Так ли обстоит дело или иначе, но книга Кристель Манске дает возможность заполнить пробел. В ней представлена модель адекватных занятий, позволяющих всем детям и педагогам заниматься осмысленной прото-математической деятельностью. Такое этичное преподавание математики ведет детей и педагогов в мир осознанного и ответственного обращения с ней через «парадную дверь», в наше время уже почти затерявшуюся среди разнообразных способов войти в этот мир или даже пройти мимо него. Многие преподаватели математики сегодня перестали видеть свою задачу как осмысленную, поэтому и многие дети все меньше понимают, какой смысл имеет изучения этого предмета для их жизни. Возникает опасность того, что обслуживающие социальные системы специалисты слишком поздно поймут значение математики для гуманного общества или не поймут уже никогда.

А.Н. Кричевец, к. ф.-м. н., д. филос. н., профессор факультета психологии МГУ имени М.В. Ломоносова.

Foreword Professor B.S. Bratus

Christel Manske, director of the Christel Manske Institute for the Development of Functional Brain Systems in Hamburg, is a pedagogue and psychologist. She is known to Russian readers because of her books "Beyond Pisa - Learning as a Discovery",
"Inclusive reading and writing lessons from 3 years on", "Every child is special",
"Inclusive math lessons", which were translated into Russian.
She gives seminars and lectures at the Russian Orthodox University of St. John.

The author dedicates her new book to the subject of mathematics.
She takes the responsibility for the children, who have difficulties in math lessons, especially for the children with Down syndrome and dyscalculia.
Her aim is that these children get the chance to learn mathematical thinking.
The math book is a challenge for pedagoges.
In the foreword of the book we read:

Shared feelings become
compassion
Shared experiences lead to
Self-awareness.
Shared remembrance becomes
Commemoration.
Shared understanding leads to
Reason.
Math makes you happy.

It is the task of education to develop an inclusive mathematics didactics.

The educators should not blame the learning problems on the children, but they should work together with scientists of different disciplines on the way to explore teaching concepts that allow the children in the math class compassion, self-awareness, remembering as memory and reason to develop.

How do we understand Christel Manske's educational work?
Her work is based on the developmental psychology of L.S. Vygotsky.

It is necessary to analyze and try to understand the psychological development of different children in the context of their culture and history.
On this basis, she goes with the child hand in hand on a journey of discovery.
In ancient Greek, the word "teacher" has the meaning of being the companion of the child.

The journey of discovery takes place in the light of the findings of L.S. Vygotsky.

During her work, Christel Manske is only guided by the unique child who signals its secret tendencies.
The theoretical knowledge serves to interpret her success or failure of her work.

Christel Manske gives the reader an introduction to L.S. Vygotsky's crisis theory, which describes the development from the infant to the schoolchild.
The course of the gradual development from one psychological development stage to the next higher one is valid for all children.
L.S. Vygotsky is convinced that this development process is also true for the children with Down syndrome or dyscalculia.
This attitude is deeply humane. It encourages teachers to understand each child in its own way.

Christel Manske writes, "We are aware that every child should be allowed to go through its own psychic metamorphosis without hindrance, to become as the creator of all things has always planned. This is the deep secret into which we, as educators, should intuitively immerse ourselves. "

Christel Manske is a pedagogue and psychologist.
The psychologist examines the constant restructuring of mental development.
The teacher performs her work with a unique child.
It is difficult for a psychologist to be a good teacher on your own, just as it is difficult for a good teacher to be a good psychologist as well.
Their cooperation is therefore absolutely necessary.
The good psychologist depends on the good teacher, who shows him the realization of his discoveries. The good teacher needs the knowledge of the good psychologist to familiarize him with his developmental psychology.
Psychological and pedagogical knowledge is the basis for every teacher to achieve good results in the educational work with the different children.

We know that the psychological and pedagogical knowledge of educators and psychologists comes into play only when their work is blessed with affection for the children.
The book on "Inclusive Mathematics Education" is an example of this.

B.S. Bratus, Doctor of Psychology, Professor, Corresponding Member of the Russian Academy of Education, Member of the Ethical Committee of the Russian Psychological Society.

Resumen del profesor B.S. Bratus

Christel Manske, directora del *Instituto Christel Manske para sistemas funcionales cerebrales* de Hamburgo, es pedagoga y psicóloga.
Sus lectores rusos la conocen por sus libros traducidos al ruso "Más allá de Pisa - El aprendizaje como descubrimiento", "Enseñanza inclusiva de la lectura y escritura a partir de los tres años", "Cada niño es especial{}" y "Enseñanza inclusiva de las matemáticas".
Da cursos y conferencias en la Universidad rusa ortodoxa de San Juan.
Su nuevo libro está dedicado a la asignatura de las matemáticas. Se hace cargo de los niños que tienen dificultades en el aprendizaje de las matemáticas, especialmente en niños con síndrome de Down y discalculía. Su objetivo es proporcionarles la oportunidad de aprender el pensamiento matemático.
El libro inclusivo de matemáticas es un desafío para la pedagogía. Leemos en el prefacio del libro:

De un sentir compartido en el grupo surge la
compasión
De un experimentar compartido en el grupo surge la
experiencia personal
De un recordar compartido en el grupo surge la
conmemoración
De un comprender compartido en el grupo surge la
razón

Las matemáticas hacen feliz

Es tarea de la pedagogía investigar sobre una didáctica inclusiva para las matemáticas. Los pedagogos no deben responsabilizar a los niños por sus problemas de aprendizaje. Más bien debieran, junto con científicos de diversas disciplinas, comenzar a investigar formas de aprendizaje que les permitan a los niños desarrollar en la clase de matemáticas *compasión, experiencia personal, recuerdo como conmemoración* y *sentido común.*

¿Cómo podemos entender el trabajo pedagógico de Christel Manske?

Su trabajo se basa en la psicología del desarrollo de L. S. Vygotski.

Es necesario analizar el desarrollo psicológico de los diversos niños en el contexto de su cultura y su propia historia, e intentar comprenderlo. Sobre esta base emprende Christel Manske, de la mano con el niño, un viaje de descubrimiento. En griego antiguo tiene la palabra "maestro" el significado de ser un compañero del niño.

Este viaje de descubrimiento se realiza a la luz de las ideas de L.S. Vygotski.

Durante el trabajo, Christel Manske se deja guiar principalmente por las características particulares, individuales, del niño, quien le proporciona señales acerca de sus tendencias ocultas. Los conocimientos teóricos le ayudan a interpretar el correspondiente éxito o fracaso de su trabajo.

Christel Manske le da al lector una introducción a la teoría de las crisis de L. S. Vygotski, que describe el desarrollo desde la lactancia hasta la edad escolar. El desarrollo en etapas, que procede de un determinado nivel para pasar al siguiente superior es válido para todos los niños.

L.S. Vygotski está persuadido de que este proceso de desarrollo también vale para niños con síndrome de Down o discalculía. Esta actitud es profundamente humana. Estimula a querer comprender a cada niño con sus diferencias particulares a fin de hacerle justicia a cada uno.

Manske escribe: "Vislumbramos en lo profundo que se le debiera permitir a cada niño recorrer sin obstáculos su metamorfosis psíquica a fin de realizarse como lo pensó el creador de todas las cosas desde siempre. Es ese el profundo secreto con el que nosotros como pedagogos intuitivamente debemos empaparnos.

Christel Manske es pedagoga y psicóloga.

El psicólogo investiga la permanente reestructuración del desarrollo psíquico. El pedagogo realiza su trabajo con un niño particular.
A un psicólogo le resulta difícil por si sólo ser también un buen maestro, así como le es difícil a un maestro por si sólo ser un buen psicólogo. La colaboración de ambos en su trabajo es por eso indispensable.
El buen psicólogo depende del buen maestro, que le muestra la realización de sus descubrimientos. El buen maestro depende de los conocimientos del buen psicólogo, que lo familiariza con sus conocimientos en psicología del desarrollo. Conocimientos psicológicos y pedagógicos son la base para que un maestro alcance buenos resultados en el trabajo pedagógico con los diferentes niños.

Sabemos que los conocimientos psicológicos y pedagógicos de pedagogos y psicólogos sólo pueden ser puestos en práctica con éxito si su trabajo está acompañado por un afecto por los niños. El libro sobre la enseñanza inclusiva de las matemáticas es un ejemplo de esta actitud.

B.S. Bratus, doctor en Psicología, profesor universitario, miembro correspondiente de la Academia Rusa de Educación, Miembre del Comité de Ética de la Sociedad Rusa de Psicología.

Предисловие Б.С. Братуся

Кристель Манске, руководитель Института развития функциональных систем мозга в Гамбурге, педагог и психолог, уже известна российскому читателю по переведенным на русский язык книгам «Учение как открытие», «Инклюзивное обучение грамоте детей с трех лет с синдромом Дауна, легастенией и другими особенностями», «Каждый ребенок - особенный. Иллюзия дефекта», а также по лекциям и семинарам, проведенным ею в рамках сотрудничества с Российским православным университетом святого Иоанна Богослова.

Посвящая свою новую книгу математике, Кристель Манске берет на себя ответственность за детей, которым изучение этого предмета дается с трудом, в особенности, за детей с синдромом Дауна и дискалькулией. Ее цель состоит в том, чтобы и эти дети получили возможность овладеть математическим мышлением. В определенном смысле, книга по инклюзивному обучению математике – это вызов современной педагогике. В предисловии к книге мы читаем: «Из совместно-разделенных чувств возникает *сопереживание*. Из совместно-разделенного опыта возникает *осознание себя*. Из совместно-разделенных воспоминаний возникает *память*. Из совместно-разделенного понимания возникает *разум*. Математику можно учить с удовольствием!» Одна из важных задач педагогики состоит в том, чтобы изучать дидактику инклюзивной математики. Педагоги не имеют права перекладывать свои преподавательские проблемы на детей, но они должны совместно с представителями других научных направлений создавать концепции обучения, позволяющего детям на занятиях по математике развивать сопереживание, осознание себя, память и разум.

Для понимания педагогической деятельности Кристель Манске следует сказать, прежде всего, что ее работа строится на основе психологии развития Л.С. Выготского. Она стремится анализировать психологическое развитие разных детей в контексте их истории и культуры и понимать его в этом контексте. Именно на этой основе, рука об руку с ребенком (вспомним древнегреческое значение слова «педагог» – ведущий ребёнка), она пускается с ним в исследовательское путешествие. Это путешествие осуществляется в свете теории Л.С. Выготского. Но, прежде всего, работа Кристель Манске строится таким образом, что она позволяет вести себя конкретному и уникальному ребенку, сигнализирующему ей о своих скрытых тенденциях. Теоретические знания служат ей для того, чтобы оценить успешность или не успешность своей работы.

Автор знакомит читателя с базовыми знаниями из теории кризисов Выготского, описывает развитие ребенка от младенчества до школьного возраста. Поэтапный характер психологического развития, когда ребенок переходит от одной стадии к другой, более высокого порядка, свойственен всем детям без исключения. Л.С. Выготский был убежден в том, что такой ход развития присущ также и детям с синдромом Дауна и дискалькулией. Этот взгляд является в высшей степени гуманным, и он дает мужество для того, чтобы стремиться понимать очень разных детей – каждого в его своеобразии, и отдавать должное каждому ребенку. В конце введения к книге автор пишет: «И у нас есть глубинное убеждение в том, что каждому ребенку должна быть дана возможность беспрепятственно пройти через психологическую метаморфозу, чтобы стать таким, каким он был задуман Творцом всех вещей.»

Кристель Манске – это педагог и психолог. Психолог изучает постоянные структурные изменения, происходящие в психологическом развитии. Педагог ведет свою работу с уникальным ребенком. Психолог вовсе не обязательно бывает хорошим педагогом, так же как педагог не всегда бывает хорошим психологом, именно поэтому абсолютно необходимо их сотрудничество. Ведь хороший психолог в своей работе зависит от педагога, который показывает ему, как его открытия реализуются на практике, а хороший педагог зависит от психолога, знакомящего его со знаниями о психологии развития. Основой, на которой каждый учитель в своей работе с самыми разными детьми только и может получать хорошие результаты, является синтез психологических и педагогических знаний. Следует подчеркнуть, однако, что сами по себе знания и умения – психологические или педагогические, – окажутся не действующими, если не будут сопровождаться, точнее, освящаться любовью к ребенку, вне которой напрасны все разработки и методики. Об этом свидетельствует в том числе и книга об инклюзивном обучении математике, которую уважаемый читатель держит сейчас в руках.

Б.С. Братусь, доктор психологических наук, профессор, член-корреспондент РАО.

Zu diesem Buch gibt es für den Unterricht den ersten Band von Christel Manske: „Inklusiver Mathematikunterricht“. Berlin 2018.

Inhaltsverzeichnis

Praxis Team

PD Dr. med Hans Kowerk

Dr. Christel Manske

Lyn Petersen

Mona Böge

Claudia Lübbke

Literatur zum Zahlbegriff

Andrew Robinson: „Die Geschichte der Schrift“ Albatros Verlag Düsseldorf 2004.

Georges Ifrah: „Universalgeschichte der Zahlen“ Campus Verlag Frankfurt 1993.

Richard Mankiewicz: „Zeitreise Mathematik“ Verlagsgesellschaft Köln 2000.

Denise Schmandt- Besserat: „The history of counting“ Morrow Junior Books New York 1999.

Denise Schmandt-Besserat: „How writing came about“ University of Texas Press 2010.

Christel Manske: „Jenseits von Pisa - Lernen als Entdeckungsreise“ Verlag Lehmanns Media Berlin 2008.

Christel Manske: „Mathe macht glücklich“ DVD Filmsortiment Gollhardt Hamburg 2006.

Literatur zur Entwicklungspsychologie

Lew Wygotski: „Ausgewählte Schriften Band 2“ Pahl - Rugenstein Verlag Köln 1987.

Christel Manske: „Inklusives Lesenlernen. Für Kinder ab drei Jahren mit Downsyndrom, für Leseratten und Legastheniker“ Verlag Lehmanns Media Berlin 2012.

Christel Manske bei Lehmanns media
Inklusiver Lese- und Schreibunterricht

Inklusiver Sachkundeunterricht bei Lehmanns media und Westermann

Christel Manske bei Lehmanns media Rechnen lernen

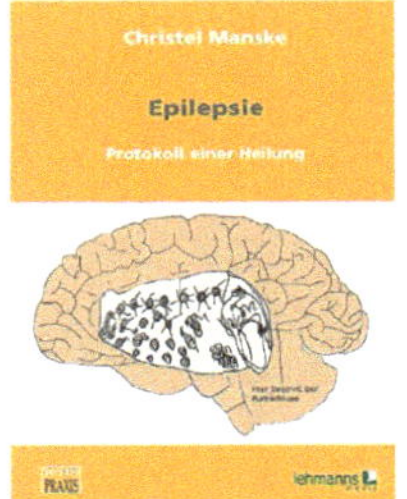